◆ 本书中文版为译者所主持的"古文字与中华文明传承发展工程"资助项目"新资料与先秦秦汉荆楚地区的空间整合研究"(项目号 G 3613)阶段性成果以及武汉大学教育部文科实验室"文化遗产智能计算实验室"建设成果。

汉字百话

〔日〕白川静 ○ 著

郑威 译

人民文学出版社

著作权合同登记号　图字 01-2022-2838

KANJI HYAKUWA
BY Shizuka SHIRAKAWA
Copyright © 2002 Shizuka SHIRAKAWA
Original Japanese edition published by CHUOKORON-SHINSHA, INC.
All rights reserved.
Chinese (in Simplified character only)translation copyright© 2023 by Peo-
ple's Literature Publishing House Co., Ltd.
Chinese(in Simplified Character only) translation rights arranged with
CHUOKORON-SHINSHA, INC. through BARDON CHINESE CREATIVE
AGENCY LIMITED, HONG KONG.

图书在版编目（CIP）数据

汉字百话/(日)白川静著;郑威译. —北京:人民文学出版社,2023
ISBN 978-7-02-017189-7

Ⅰ.①汉… Ⅱ.①白…②郑… Ⅲ.①汉字—研究 Ⅳ.① H12

中国版本图书馆CIP数据核字(2022)第084713号

责任编辑　曾雪梅　陈　悦
装帧设计　刘　远
责任校对　李　雪
责任印制　任　祎

出版发行　人民文学出版社
社　　址　北京市朝内大街166号
邮政编码　100705

印　　刷　三河市鑫金马印装有限公司
经　　销　全国新华书店等

字　　数　177千字
开　　本　880毫米×1230毫米　1/32
印　　张　12.375　插页3
印　　数　1—5000
版　　次　2023年8月北京第1版
印　　次　2023年8月第1次印刷

书　　号　978-7-02-017189-7
定　　价　56.00元

如有印装质量问题,请与本社图书销售中心调换。电话:010-65233595

目　录

译者导读

白川静先生是日本著名的汉学家、汉字研究专家。1910年出生于日本福井县，京都大学文学博士，曾任立命馆大学教授、名誉教授等职。白川先生以擅长汉字研究著称，汉字研究系列专著——字书三部曲《字统》《字训》《字通》是其代表作。除了精深的专业研究外，白川先生还热心于将他的研究成果以较为平易的语言介绍给社会大众，曾先后出版《甲骨文的世界》《金文的世界》《汉字的世界》等著作，《汉字百话》也是其中之一。

《汉字百话》于1978年由日本中央公论新社出版。全书由10个部分组成，每一部分内含10个小专题，共计100个专题，故以"百话"命名。

第一部分名为"记号的体系"，从汉字的特征入手，指出汉字具备以影像记录的性质，有着固定的视觉形象，与其他文字截然不同；接着分析汉字起源、发展的体系，着重从神话、巫术、图像等角度进行解释。

例如，白川先生对汉字最常见的部首"ㅂ（口）"有着独特的看法，指出上古时期的中国充斥着混沌的巫术，在甲骨文、金文兴盛的时代，ㅂ指代的是巫术活动中的祈祷、祭祀用器。以此为基点，对许多包含ㅂ的字的本义进行了全新的解析。比如，"名（名）"字上半部的"夕（夕）"是祭肉的意思，下半部的"ㅂ（口）"是告于祖庙时所呈的"祈祷文"，用祭祷用器ㅂ来表示。"名"的意思是在婴儿养育到一定的年龄之时，要举行祭祀仪式来起"名"，并向祖先汇报。又如"告（告）"字，上半部在甲骨文和金文中是一根小树枝的形象，这个字反映的是将树枝插入祈祷用器"ㅂ"之上，然后向神明祷告诉说。

在第二部分至第四部分，分别以"象征的方法""古代的宗教""灵的行踪"为题，从汉字部首的象征意义、汉字与巫术的关系等角度来分析文字的形成及其本义。比如"余（余）"的本义是治疗疾病用的长针，"愈""除"等字则指经过治疗之后的状况；"道（道）"是个很可怕的字，意思是携带了异族人的头颅行走。"各（各）"的下半部为ㅂ，上半部为足形，象征神明受到ㅂ的召请而降临，与"召"字同义等。

第五、六部分题为"字形学的问题"和"字音与字义"，较之前四部分单纯的对字形的分析，所涉及的问题则更深入一层。白川先生首先从字形的角度分析会意字的构造，比如"支

（攵）""殳"，都用以指代手或手中持有某物的状态，包含这两个部首的字，如"投""敲"等往往都有敲击、投掷等用手持某物做出动作的含义；然后探讨汉字发展过程中出现的同形异字、省略与重复等现象，如"口"部除了指代祭祷用器Ḇ之外，在"舌""邑"等字中则有表示口耳之"口"及地域范围的含义，即所谓的"同形异字"等。接着他又从字音的角度讲述形声字的构造、音义关联及拟声词等问题，包含同一声符的形声字，发音、意义常有近似的情况，如从"各"的"客""格""恪""落""路"等字，分属 k、l 音系；声母为 s、ts、l 音系的不少汉字有哀怨忧思的含义等。

第七部分"汉字的历程"，从甲骨文、金文讲到隶书、正字，是关于汉字发展史的专篇，涉及对《说文解字》《玉篇》等字书的介绍、历代统治者对汉字进行的改革和管理，以及印刷术对汉字演变的影响等问题。

第八部分"文字与思维"，指出作为单音节语言的汉语，与印欧语系所属的屈折语和日语一类的黏着语完全不同，是类似于哥特式（Gothic）建筑的语言，即使用同样大小的建筑材料层层累积叠加筑成，字与字之间关系紧凑。这种语言模式造就了不同的思维方式、道德观念和世界观。以《说文解字》这本字书的结构为例，从部首"一"开始，然后展开为"上""示"等部首，接着从部首"三"开始，然后展开为

"王""玉"等部首，由纲及目，纲目分明，纲目之下罗列万象，最后以运转天地万象的天干地支结束，指出该书的体系反映的其实是用文字来表现的世界观体系。

第九部分"作为日本国字的汉字"特别讨论了汉字对日本语言文化的影响。从汉字传入日本的历史谈起，讲到"万叶假名"的形成、传统的汉字训读法，进而论及日文的文脉和现代的日文文章。所谓"万叶假名"，指的是在汉字传入日本的时代，日本人选用汉字来表示日文的发音，在日本古代的著名诗歌集《万叶集》中使用最为普遍，故有此名。这些表音的汉字经过发展、简化，最终形成了今天的日文假名。比如现代日语中仍有将"よろしく"（请多关照）用汉字"夜露死苦"的字音来表示其发音的现象，即是万叶假名的残留。所谓"训读法"，即用日语固有的发音来读出汉字，将古代汉语书写的诗词歌赋训读出来，这种训读方式其实就已经包含了自身对汉文的理解。

第十部分"汉字的问题"主要讨论中文与日文的翻译以及日本政府的汉字政策。日语是一种十分细腻的语言，译为汉语时如何能够表达出作者的本义和感情是一件十分困难的事情。以日本的古典短诗"俳句"的翻译为例，松尾芭蕉的名句"古池や、蛙飛びこむ、水の音"，无论是周作人的译文"古池呀，——青蛙跳入水里的声音"，还是郑振铎的译文"青蛙、跃进古池、水的音", 抑或是谢六逸的译文"幽寂的古池呀、青蛙蓦然跃入、水的音", 都无法将这首诗中所描绘的青蛙这只小生命入水之时所泛起的涟漪这种细腻的感觉传达出来。白川先生就中文与日文互译的不少问题展开了细致的讨论。

在本部分及全书的最后, 白川先生较为强烈地批评了日本政府的汉字政策及所颁布的《当用汉字表》。《当用汉字表》规定了现代日语中日常使用的汉字及书写标准, 在日文书写和使用中都必须遵守这些强制性的规范, 而没有选择的余地。但是, 这些所谓规范的汉字, 字形上往往有脱离本义的情况, 数量上又有一定的限制, 致使不少需要使用的汉字被排除在表外, 这些现象对人们学习汉字以及汉字的发展都极为不利。

除了日本, 其他东亚国家也有不同的汉字政策, 有的割裂了传统文化与现代文化的连接纽带, 有的割裂了东亚文化的文字纽带。白川先生撰写这本书的目的也在于普及汉字文化, 提高政府、社会对汉字的关注程度。后来, 日本政府曾多次修改汉字政策, 而字源研究在近些年也越来越受到关注。这和白川先生的努力倡导有很大关系, 也证明了白川先生的远见。

从学术研究的角度来看, 白川先生的字源研究自成一系, 其观点是否正确仍有待讨论; 但从汉字知识普及的角度来看,白川先生所做的努力是富有意义的，这种精神值得我们后辈学人继承和发扬，向国内读者译介白川先生的著作也因此很有必要。译者水平有限，希望诸位师友、读者不吝赐正。

郑威

2013 年 10 月于武昌南湖

五千年的中华文明源远流长，在东亚地区形成了交流密切、影响深远的汉字文化圈。白川先生在本书的后半部分细致讨论了日本政府颁行的《当用汉字表》，较为全面地反映了汉字在日本的使用情况，"当用汉字"是日本政府二战后颁布的政府认可的规范汉字，规定在法令、公文、报纸、杂志以及一般社会书写中应当使用《当用汉字表》（1850 字）。不过，日本社会、知识分子多次指出汉字的实际使用状况比较复杂，不能简单地用该表加以限制，白川静先生便是其中典型的代表。因此，在 1981 年，政府颁布《常用汉字表》（1945 个字），取代了《当用汉字表》。《常用汉字表》以"常用"取代"当用"，不再对汉字的使用作限制，转而提供常用汉字的大体标准，希望人们尽量参考该表使用汉字。

该书译文的修订再版，受到了译者主持的"古文字与中华文明传承发展工程"规划项目"新资料与先秦秦汉荆楚地区的空间整合研究"（项目号 G3613）的资助，是这个项目的阶段性成果。"古文字与中华文明传承发展工程"启动于 2020 年 11 月，是全面开展甲骨文、金文、简帛文字等古文字系统性研究的重大工程。《汉字百话》的再版，恰与这一研究趋势相契合，也反映了古文字研究在东亚汉字文化圈的蓬勃生命力。

郑威

2022 年 10 月补记于武昌

甲　记号的体系

1 汉字与影像

　　语言既包括可以说的声音语言，也包括可以写的文字语言。语言学的传统观点认为：声音语言是传达信息最直接的方法，是语言原生的形式；文字语言则以文字为媒介，一般仅被看作一种从属的表达形式。根据现代语言学之父瑞士语言学家索绪尔（Ferdinand de Saussure）的语言学理论，可以说出来的话语才是语言学研究的唯一对象，文字语言只是声音语言的书面转写形式而已。所以，文字语言不能与声音语言对等并立，文字不过是将声音写下来而已。因此语言学在研究文字时，基本上只限定于关注文字的表音功能及相关问题。文字语言除了不能成为独立的语言体系之外，文字本身也不可能参与到语言所反映的对事物的认识、表现的问题之中。特别是对于并不全然以表音功能为目的的汉字来说，几乎被"文字论"学者无视，并被排除在语言学之外了。在西欧研究者这种态度的影响之下，日本研究者也坚定地追随了这一观点。他们认为，在世界语言学的认定中，汉字这样的古代遗物并非文字，这种非近代的表记方式没有理由继续存在与使用。这是日本"汉字限制论""汉字废止论"等观点的根源所在。就这样，汉字为当今盛极的世界语言学所忽视，日本的研究者又将其视为绊脚石。汉字因此成了语言学世界的孤儿。

索绪尔之后的语言学发展迅猛，一如半个世纪以来世界的变化一样，开枝散叶，面貌一新。语言学进入了认识论的领域，产生了存在主义语言学与结构主义语言学，而后又涉及普遍的认识与一般的表现形式，形成了符号学，连绘画、电影、戏剧等都被视为语言表现的一部分。原来曾是无依无靠的语言学孤儿的汉字，在我们未知的领域再受瞩目。作为影像文字的汉字，被西欧的电影艺术研究者们放到了一个全新的位置。

所谓电影影像是将制作者的所思所想在画面上表现出来的影像。在视觉性的思考方面，其原理和以绘画方法为基础发展起来的象形文字——汉字应该有着共通之处。影像中所存在的表象化的内容，是一种直接可以诉诸视觉而无须媒介的表现。所以，影像在作为一种影像语言时，和表意性的文字语言是能够等量齐观的。

对于这些语言概念，我原本不想进行无节制的扩大，并将它们作为论证汉字存续的根据。但是如果文字是一种影像的话，那么语言则是概念的影像。而汉字具备以影像记录的性质，在文字草创期这一概念的世界中，汉字以视觉性的形象固定下来，作为共时性的事实形成表现体系而流传至今。汉字有超过三千年的悠久历史，语言虽然有着显著的变化，但仍保存有惊人的通时性，目前仍以完整的文字体系留存下来。汉字这一文字体系有着无限深厚、丰富的历史。在追溯汉字历史景象的同时，也希望能对今日的课题有所涉及。

2 文字与书契

文字又称为书契。据《周易·系辞下》，上古时期用结绳作为约定的标记，以此治事，而后至伏羲氏之世，作书契（文字）以记之。实际上，文字出现于殷王朝的后期，大约在进入公元前14世纪的时期，伏羲书契说只是传说而已。具有传说性质的古帝王伏羲原是南方苗族地区的神，伏羲造书契的传说大约是秦汉以后出现的。

在古代，仅以"文"来称呼"文字"，文字组成的文章被称作"文辞"。《孟子·万章上》说"不以文害辞"，意思是不能拘于词语表面的意思而误解文章的真正含义。另外，《论语·学而》篇云"行有余力，则以学文"，说的是对既存的语言规范的学习是次要的，第二位的。

虽然"文字"和"书契"可以作为同义词使用，

但这四个字最初的含义却各有不同。如下文所述，"文"最初指代文身，"字"指代幼名，"书"指的是隐藏有符咒目的的咒文，"契"指的是刻画符号的记录方式。在日本，古时候文字被称作"名"。汉字被称作"真名"，与之相对的"カナ"则被称作"假名"。在中国，古时候文字也有被称作"名"的情况，如《周礼·春官·外史》一篇中，"书名"指的即是文字、文书。任何人在其出生、冠婚、死丧之"过渡礼仪"①中，文、字、名三者均与之相关；而书、契则分别与文字机能、书记方法息息相关。关于古代记录语言的方法，其他文化的民族大多通过契刻的方法直接记录口中的话语，这种"契"不单独指文字。而中国自古以来就有用笔来记事的方法。"书"的意思就是用笔书写下来的字，是将文字的特殊形态呈现出来的字，而其他原本表示文字含义的"文""名""字"等汉字，则与一切"过渡礼仪"有紧密关系。

由此可知，文字是以仪礼为背景的，在实践仪礼的过程中，通过字形的形式使之映像化，从而生

---

① "过渡礼仪"，法国学者范热内普所提出，日译"通過儀礼"。——译注

成了文字。所谓象形，不是单纯地用绘画和摹写的方法表现意思。象形文字运用的是包含具体形象的比喻性的表象方法，其本质是象征性的表现手法。我们不应该认为象形仅是对对象的临摹，而应认识到它具有独立性、象征性的表现力，如语言一样能够具体地描述对象。从这个层面上看，古代文字在形成的过程中，其记述方式有神话书记法和语言书记法两个系列，这种观点大概是可以成立的。可以说文字是语言的记录形式，但相较而言，不如说文字的目的是将语言及其对象之间的关联，通过具有一定意义的形象化的形式表现出来。

3 神话书记法

　　考古学遗迹中，往往充满着具有神话思考的记号。不管是法国西北部布列塔尼半岛南端仅留下了史前巨型石柱、石墓的卡纳克（Carnac）遗迹，还是玛雅文明的巨大石造物，无论是在时间还是在空间上，二者的设计都浸透着神话思维。远古时代遗留下来的陶器，其上的纹饰和刻文等，也是这种思维的反映，它们和旧石器时代洞窟、岩壁上刻的动物画等属于同一谱系。

　　彩陶陶器属于中国最为古老的陶制文化器物，最初大概发源于黄河的河曲地带。自西而来的渭水，自北而来的汾水，自西南流来的伊、洛二水，在这一带合流。这里历史上是洪水泛滥地带，因此拥有最为肥沃的土壤，是中国最早繁盛起来的文化区。洪水之神、农耕之神均在这一地区产生。西安半坡遗址出土的彩陶陶器，就是这个地域遗留的文物。根据放射性碳元素的测定报告，其年代约在公元前4115年至前3635年之间。

半坡陶器中，有很多以人面鱼身、鱼与鸟为主题的图像，其纹样以几何纹样为主。笔者曾在《中国的神话》一书中指出，这种人面鱼身的图像，可能就是具有彩陶陶器文化特征的古代夏王朝的始祖大禹的神像原型，鱼代表的也许是传说中大禹之父鲧的形象。这两幅图像表现的是所谓夏族的创世纪，是一种神话书记法。

图-1　**彩陶陶器**　人面鱼身像

彩陶陶器中最显著的几何纹样，是早期陶器文化中常见的纹样，也是直至较晚时期未开化地域最基本的花纹样式。根据奥地利美术史家阿洛瓦·里格尔（Alois Riegl）的《风格问题》（*Stifragen*）一书的经典解释，这些几何纹样一般认为是对动物

图-2　**白陶陶器**　斜格纹　　　图-3　**青铜器纹样**　大凤纹

图像等进行几何化之后产生的。半坡陶器中所见的纹样，可以看作从神像向几何纹样过渡的一个印迹。这些几何线条的结合，是半坡人最初的艺术创造，是他们的世界观在图像样式上的表现。也就是说，在这种未开化的体系之中，种种有意识的纹样形状变化已经逐渐出现。从半坡图像来理解神话表记并不困难。

4　山顶的大铙

到了铸造青铜器的时代，纹样就高度地完善了。从殷墟出土的象牙、兽骨上刻有的繁缛纹样，以及具有殷商陶器文化特征的白陶器上的斜格纹来看，它们意图表现的纹样样式，在青铜器的制作中已经实现了。典型的纹样有饕餮纹、夔凤纹、虺龙纹、蝉纹，其底纹均是刻入器物表面下的雷纹。呈方形或圆形的雷纹，充斥在纹样世界的每一个角落，表现了神灵之气在天地之间遍布、流动不止的状态。这些纹样也可以加入前文提出的神话书记法的系列之中。

饕餮的形象大概源于老虎。北方所称的"虎"，南方称作"於菟"。饕餮、梼杌等称呼贪吃恶兽的词汇，和"於菟"可能有着相同的语音来源。这个南方词汇，和印欧语系中的 tiger 或许是同源词。

饕餮纹最初的含义是什么呢？要弄清这个问题需从一件青铜器谈起。在 1976 年的中国古青铜器展上，很多人应该还记得有一件湖南宁乡出土的大铙。同时展览的还有四羊方尊，也是从距离大铙出土地不远的山腰上出土。二者出土地都在南方边境区，地方相连，尤其需要注意的是，大铙器口朝上，埋藏于山顶。大铙鼓面的主要纹饰是饕餮，口缘配有象纹。据《孟子·万章上》所记，舜之弟象封于南方有鼻之国，大象是该国的象征。

除了这个地点之外，在附近的长江下游沿岸数地均有大铙出土，这些铙一般重达六七十公斤，出土地与宁乡的象纹大铙相同，都在高地顶端附近。埋藏之时，大多选择视野开阔、方便瞭望的地方。

图-4　**宁乡大铙**　祭祀用器　　　图-5　**四羊方尊**　祭祀用器

迄今为止，其他地域出土的大铙，发掘报告尚未公布，但可以推断其主要纹饰可能都是饕餮纹。这些地点位于殷商与南方诸民族接触的最前线，埋置大铙应该是以压服异族神灵为主要目的。日本所赋予铜铎的功能，与殷商大铙的功能也许是相通的。大铙并非易于搬运的物品，作为圣器它也许一直被埋于山顶，举行祭祀时挖开其周围的土，设置圣坛，祭祀仪式完毕后再重新将其埋置好。由于各地出土大铙的情形大概一致，可以推测殷人在山顶举行的面向南方诸异族如同今日国家之间的会见，这种仪式可被称作"山见"。殷王朝所谓的来自神授的统领权，大概是想通过这一类的祭祀用器，以及相关的符咒仪式来加以维持。由此也容易理解为什么青铜器的纹样原本也是属于神话书记法的一种了。

5　图像的体系

殷代的青铜器多数只铸有图像。图像中虽有与文字同形的，但不能认为是文字，它们贯穿着图像性的意识，具有与文字截然不同的体系。一般认为陶器上的古老刻文是图像的初始形式，由此可知图像体系的形成与文字的形成大约是并行的。这些图像具有表示氏族身份、职掌的意义，常被称作"图像标识"。

这两个图像中，"🐚（子）"形代表王族身份，"亞（亚）"字形图像表示与圣职相关，如祭祀仪礼和执行刑罚，还有其他器物的制作及饲养作牺牲用的鸟兽等，职掌范围十分广泛。图像表现的可能是与王朝秩序相对应的具体的身份、职掌，所有氏族在王朝体系中的地位也通过图像来体现。每个记号在记号系列中都有各自的机能，与此类似，图像也只有放在一定的图形结构中才具有特定的含义。这种情况同样见于文字的形成过程，类似图形结构的出现是文字形成的基础。这也是神话书记法和言语书记法的一个连接点。当图像标识和氏族名有着相互对应的固定关系时，这个图像就成了表示相应的氏族名的文字。

图-6  形图像　王族的身份　　　图-7　**亚字形图像**　圣职者

龚 ⊙

◎

说明：书中所收录的文字资料中，甲骨文用⊙符号标识，金文用◎符号标识，其他文字用○符号标识，篆文、古文无符号标识。

比如"龚"标识的是操控具有咒灵性质的龙的人，"得"标识的是操纵作为符咒用物的子安贝（龟甲宝螺）的人，其氏族后来就被称作"龚""得"。这与日本的"犬养""服部"等姓氏类似。图像虽然不能被当作文字使用，但如果图像上附加了作为文字的意识，则会成为对应的文字。"传（傳）"字，表现的是背负着巨大的"东（橐）"的形象，可能指的是主持将罪犯流放域外这一仪式的执掌者。上古时期的流放仪式因此又被称作"传弃"。西周后期的散氏盘记载的誓约中，有针对违约者的处罚，"则爰千罚千，传弃之"。作为图像标识使用的"传"，虽然不是文字，但是一旦附加了书写文字的意识，也就成为文字了。或许正是由于有这样的关系，文字才逐渐形成的。克洛德·列维-斯特劳斯（Claude Lévi-Strauss）等结构主义者力图从亲族组织、图腾崇拜、种姓制度中寻求记号体系产生的原型，其实这些原本不属于记号的范畴，也不会朝着文字的方向发展。

⊙ 得

◎

◎ 传（傳）

图-8　**金文图像**　橐

　　陶器和青铜器上附着的纹样和刻文，并不是无意义的装饰。常常会有文字以外的话语，通过有一定意义的记号来表示。神话书记法表现的是神话性的世界观，图像标识体现的是王朝秩序，通过图像体系将王朝的支配形态真实地反映出来。在经历数重前文字阶段的发展之后，文字才最终完成体系上的构建。但是，象形文字在文字体系的构建过程中，还面临着重重的阻力和障碍。问题之一是，要形成与话语对应的文字，就需要有代词以及否定词、前置词等形式的词汇，而这些词汇又难有固定的实物与之相对应，该用什么方法来表达呢？古代东方其他地域的古文字体系，都因为发现了表音的方法而最终形成。象形文字也是这样，在超越了象形文字所具备的原则之后，放弃了象形的表意部分，由此成功地使文字表音化，然后才最终形成了象形文字的文字体系。

6 我和汝

　　"我"和"汝"两个字并不一定具有固定的联系。"我"可以称为"汝"，"汝"也可以称为"我"。这一类没有固定描述对象的事物，很难用象形文字来表示，于是便选择发音接近的汉字来充当。这种偏离了原本的字义，使用借音的方法叫作"假借"。

　　"我"原本表现的是锯子的形状。其本义从在"羊"旁加锯形而表示牺牲的"义（義）""羲"二字可知。"义（義）"，作为牺牲奉献给神，表达了一种实现神意的正义状态，后来因此衍生出"正义"的意思。在"羲"字字形中，有锯子下方残存羊下肢的形象，是"牺（犠）"字的初文。

　　表示"我"的汉字有我、吾，以及余、予、朕、

⊙ 我

◎

台，它们分别形成了各自的音系。古时"汝"也可用女、若、而、尔、乃等字来表示，它们都属于同一音系。这些字都借用了他字的字音，不过与代词不同，它们仍具有原本的字义，但是像我、余、尔等字，后来很少再用到原有的字义了。在分析其他文字的基础上，我们通过对形体素——即有固定意义的文字构成要素——的含义进行研究之后方才知悉，我、余、尔三字的本义其实分别是锯子、针和文身之美。

作为否定词的不、弗、勿、无、非等字也有类似的情况。在甲骨文中，"不"字指的是花萼底端的形状，"弗"字呈现的是将较长的物体整理捆绑的形状，"勿"字则是一种用于祛除污秽的巫术性质的装饰品。在上古音中，这三个字都位于 P 系音中。此三字的本义后来逐渐为人们所遗忘，反而用苤、绋、物三个形声字来替代，并将不、弗、勿作为它们的声符使用。"无（無）"字是"舞"字的初文；后来在"无（無）"字下方添加两足而成"舞"字。"非"原本表现的是一种叫作"非余"的篦子的形状，而迄今仍包含有"非"字本义的词语，只剩下"非余"一词了。

以上表示"我"的汉字中，除了吾、朕、台等有多个形体素之外，其他均为结构单一的象形文字。当以象形文字力图构建文字体系之时，假借字作为一种研究出来的补充方法，用以表示抽象观念和否定词一类的形式词。这也反映出象形字的音值在当时十分稳定，少有变化。也就是说象形文字同样具备表音文字所具备的机能。文字字形和字音的关系一旦固定，就说明该字包含了合于语言规范的字义。但要想理解这个字义，除了正确地把握字形之外，还要从文字脉络上来选择文字的用义。有些观点认为象形文字如漫画一般，只要一看就可以得知它们的意思，这其实是单纯的误解。"吾"字的本义是在祈祷用器"廿"之上放置器盖加以防护（敔），语言上作为代词使用，文字的脉络中又可表示"我"的所有格，这些知识是使用这个文字的前提，是必须具备的。

⊙ 勿

◎

◎ 非

7 "文"是什么?

文 ⊙

◎

奭 ⊙

◎

爽 ◎

"文",即文身,是表示人们在出生、成人、死丧之时举行的人生过渡礼仪的汉字。以"文"为形体素的文字,都具备这个含义并已系列化。在称呼神圣的祖先之神灵时,用文祖、文考(父)、文母等词,祖灵之德则褒称为"文德"。甲骨文、金文中仅见这两例用义法。将进入灵界之人圣化的方法,即是在胸部加上红色的记号,其形状就称作"文"。记号描画的是作为生命象征的心脏的形状,心脏形状又常使用省略形"V""X"等。妇女的话则将这一记号画在双乳周围。这样的字有"奭""爽"等,都有爽明的意思,表现的是唤起生命感的纹饰。

婴儿出生的时候,在其额头做印记,使邪灵无所依凭,并以此来迎接转生的祖先神灵。在额头("產"字中的"厂"形)上标记"文",在额头下加上"生"

022

字，就构成了"产（產）"字。婴儿成年之后，额头（厂）之上仍标记有"文"，而在其下则加上表示文彩的"彡"，就构成了"彦（彥）"字。加有文身的部分叫作"颜（顏）"，是指代额头上加有文身部分的词汇。

也许对古人而言，"产"字字形包含有让新生命受灵的意思，是生育之仪礼；"彦"字字形反映了年轻人到达一定年龄阶段时举行的成人仪式；"文"和"爽"的字形指的是看到了作为神灵享受祭祀的先人的影像。文字就是这些仪式映像形象化之后所形成的固定的记号。

文身可以生出神圣的美感。文身之美，称作"彣彰"。"章"字的意思是用针将色素注入皮下，又称"入墨"，原本是一种为接近神灵而施展的办法。

为谋求圣化而刻画的文身之美，也可以理解为人们内在德行在表象上的反映。殷王朝的王名中，常冠有文、武等字，如文丁、武丁等。文武并称时，一般认为"文"字指的是文德。所谓"文"，就是内在品德在表面的呈现。天上的秩序称作"天文"，人世间先验性的东西则称作"人文"。按此，文字体现的其实是天地间万物万象各自所呈现的姿态。文字

◎ 产（產）

◎ 彦（彥）

◎ 颜（顏）

◎ 章

绝不是话语的表记形式，而是万物的自我呈现。也就是说，文字和话语处于相同的地位，不外乎是对实际存在的事物进行概念化和客观化的方法。

8　名与实体

　　世间的万物，在拥有了各自的名称后，才能成为具体的存在。可以说，在语言体系以及同时期文字体系的基础之上，存在的世界才呈现出自身的秩序。在古代东方的神学中，"名"是依据神的话语来确定的，但古代的中国没有一神教信仰，"名"由圣人来定，而家中子孙之名则由祖灵来确定。到了举行加名、加字仪式的年龄，首先加上的是字，然后才是名。加名的完成，意味着人格权的确立。

　　"字"和"名"都是由形体素复合组成的会意文字。"文"是独体字，但"文字"中的"字"与之不同，是复合体，即会意兼形声字。文字之"字"，有滋生、滋长的意思，但这并非"字"的本义。形声字包含声符，是形式上的复合，会意字则大概与人的行为

◎ 字

相关，常常是仪式的直接反映。

"字"的字形表现的是家中有孩子，从字形上看不出有其他的引申含义。但在解读会意字的形体素时，必须对其所象征的全部意义进行考察。"字"上半部描绘的是屋顶垂下来的家，在古文字中指的是庙堂，其中有先祖的灵魂居住。下半部的"子"，指的是举行仪式，让作为氏族成员的婴儿首次谒见祖灵，向祖灵询问孩子能否顺利成长，并接受祖灵的承认。在这个仪式上给孩子取幼名，即小字。字是人的别名。然后决定养育孩子的事情。所以"字"也有"养育"的意思，由此衍生出滋生的含义，当然本义还是"别名"。

名◎ 𤰃

"名"字上半部是祭肉的意思，下半部指的是告于祖庙时所说的"祈祷文"，用祈祷用器"𠙵"来表示。婴儿养育到一定的年龄，作为氏族成员被赋予"名"，并向祖灵报告。命名有一定的规范，并需要得到祖灵的承认。"名"字是向祖灵汇报仪式的直接反映，所取之名一般认为与这个人的人格实体之间有着不可分离的关系。实名一般不告知他人，回避实名的风俗十分流行。在日本古代，女子也只有在认可结婚对象的时候才告知自己的实名，因为"名"指的是实体本身。

　　所有有名称的物体都有各自的实体。文字因此和现实的世界有着不可分割的对应关系。文字不能称为话语的形式，它们主要是将话语中有意义的实体原本地表示出来。正如话语具有内在的神力。文字中也拥有类似的神奇能力。"书（書）"就是这些拥有神奇能力的文字。

9　隐藏的祈祷

书是记录下来的文字。在日本，书、史、文三个字都曾训读为"ふみ"。现在的音训表中，除了"文"在 1973 年的改定中恢复到这个读音外，其他的字都规定不再使用这个读音了。这种规定真是十分严格。

文是记号的总称，可以称为内在物体的外化。文字是"文"的限定性用法，可以将话语的神力固定下来，书写出来的文字都拥有神奇的能力。"史"字表现的是将书写下来的祈祷文挂在树枝上，奉献给神灵的祭祀仪式，即所谓的"告文"，又称作"史祭"，是祭祀仪式的一种。"书（書）"指的是将告文埋入边界之地，通过告文的神力来庇佑境域之内的平安。从字形上看，"书（書）"是由"者"和"聿（筆）"组成的会意字，但"聿"是后来附加上去的部分，"者"

书（書）　◎

体现的是"书（書）"的本义，将"者"理解为"书（書）"的声符是错误的。

"者"字字形是在"曰"的上方附加有树枝和土，表现了将物体埋入、隐藏的形象。"曰"字指的是在"廿"中放入祷文，大概是寺社中书札一类的文字。古时候，人们在部落周围堆砌泥土，将部落围在其中，并在土堆的重要位置埋入符咒，认为这可以起到防止邪灵侵入的目的。这些类似于地垒的土堆叫作"堵"。陶渊明《五柳先生传》曰："环堵萧然，不蔽风日。"描述的是寂寥的隐士居室，其中的"堵"古代指的是城墙墙壁的组成部分。日本有"所领安堵"的用法，这个被"堵"所围起来的城邑就是京城，说的是城邑周围为"堵"所环绕。

一国之都称作"京都"。"京"是城门的形象，古代城门常用战死者的尸骨填充。《左传·宣公十二年》，晋楚之战楚人取得胜利之时，楚国的臣子向楚王进谏说："君……收晋尸，以为京观。"战役的胜利者，收集敌人的尸骨，在都城的入口处用尸骨填充成凯旋门。这也是一种隐藏的祈祷。这些充满怨念的枉死者的怒火往往被认为是咒灵充盈之物。

文字具有神奇的能力。通过声音、话语进行的

◎ 者

⊙ 京
◎

祈祷可以增强人们的情感，而通过文字形象封存起来的神力却是更为持久和固定的。西安半坡陶器上的画像、装饰有饕餮纹的山顶大铙、早期青铜器中的图像标识体系等，都可以看作具有神话性质的记号，这些记号不断发展，最终形成了文字体系。文字体系与话语体系相互对应，可称作"言语书记法"。而语言的神力则凭借着文字体系源源不断地生成出来。

10 神圣化的文字

甲骨文最初出现于公元前 14 世纪后半期的商王武丁时期。武丁时期之前稍早的时代也有甲骨文出现，但尚处于文字发展不成熟的阶段。武丁在位五十余年，后世的文献中称他为高宗，是一代英主。武丁时期，出兵征伐位于今山西境内的外族"苦方"，并在经历三年征战之后最终攻克苦方，由此迎来了殷王朝最为强盛的时期。在今山西雁门、保德附近曾出土大量殷商器物，即是当时对这一地区进行经营之后残存下来的。这一时期的甲骨文则有笔势雄伟、卜辞内容最为丰富的特点。

武丁时期的卜辞，包含记录卜问之事的卜辞、卜兆旁边刻写的判断王之吉凶的占繇之辞，以及记录事件结果的验证之辞，如果卜问结果和占繇之辞相一致的话，则验辞大都以"允……"字开头来刻写。其实在占卜过程中，文字不一定是非要不可的。确定占卜之事后，只要灼烧甲骨并观察卜兆就可以了，而将所有的占卜结果全部记录在卜骨上的具体原因，则完全不能根据占卜行为的实际目的来进行分析。这一时期的卜辞中，大多数都刻写有问辞、繇辞、验辞三大部分，而这些刻文都用朱红色和褐色的颜料涂抹填充。在一些字体较大的甲骨上，直到现在还能看到鲜艳的朱红色。刻字和上色应该是在占卜之事全部结束之后进行的。

从表面上看，占卜就是商王在事前向神明卜问所行之事的吉凶，而实际上，占卜真正的意图可能是阻止那些违背商王意志行为的发生。占卜其实成

图-9　**甲骨文**　苦方关系卜辞　　图-10　**甲骨文**　繇辞和验辞

了要求神明同意商王意志的一项仪式。商王对卜兆附加的判读，借神明之名来加以实行。这些已成功完成的仪礼，作为先例和规范以甲骨文的形式进行记录保存，以作为其后行事的保证。简言之，占卜就是借助神明之名来确保商王行为神圣性的仪式。甲骨刻文作为这一神圣性的证据，用朱红色加以神圣化，并妥善保存。这些代表着商王神圣性的甲骨文，在占卜完成后仍然发挥着重要作用。

通过以上的分析大概可以明确，认为话语只在语言传达过程中存在的所谓"言语过程说"，认为文字只是对话语进行摹写的观点都与事实相距甚远。我们从自身的体会也可以得知，话语和文字之间是互补完善的关系，彼此互为媒介，并一直维持着自律性的运转。上述的古代史实也证明了语言拥有内在神力（言灵）的观念，以及与之相对应的神圣化文字之间存在着密切的关系。

乙　象证的方法

11 关于象征

　　据说非洲的巴鲁巴族（Baluba）每个人都有三个名字。第一个是"内名"，又叫作"生名""存在名"，是保密的。第二个是在出生后举行仪式时起的名字，用以表示年龄和身份。第三个是随便起的别名，但与自我的实体没有任何关系。本名，即第一个名字在去世后方能使用。这三个名字可以分别称作名、字、通称，每个都以不同的方式与自我实体发生关联。只有实名（内名）才被认为有着个体真实存在的意义，因此不能让他人知道，否则其他人可以支配自己的人性，导致本人的自我迷失。作为记号的名字和个人实体之间的这种关系，可以称作"象征"。

　　汉字中，人们的"字"是在举行养育仪式时赋予的，"名"是在举行氏族成员加入仪式时赋予的。

这两个字，从字形上看，都是由象征这些仪式的各个形体素复合组成的。这些形体素都是其他汉字的一部分，用部分来代表整体。比如，用表示房屋形状的汉字的上半部来代表举行仪式的祖庙；又如，"名"字上半部代表的是命名仪式上陈设的祭肉。文字的这些形体素以其"内在的生命"而获得了和其所代表的文字本身相一致的含义。同样的，话语也要通过文字的前后脉络才能获得其具体含义。如果不理解象征的意义，就无法打开古文字世界之门。在古文字中，象形一般来说就是象征。

口　　Ｈ

我的《说文新义》是一部尝试对迄今为止的文字学进行批判性研究的书，有外国研究者曾问我，相较以前关于象形字的解释，这部书在多大程度上进行了修改，言外之意就是说，对象形文字的解释基本上都是"一看便识"，以前的解释可供修改的余地应该所剩无几了。他所质问的大概是我对文字新解的依据是什么。当时我举了一个例子，就是对"名"字中包含"Ｈ"的含义的解释。以前观点都这样解释："夕下加口组成名。"但是在甲骨文、金文中，包含"Ｈ"形的文字，没有一例可将"Ｈ"理解为口耳之口的。如果以往对这个基本的字形"Ｈ"的解释有误的话，那么数十个从属于这个字形系列的基本字，以及其他关联字，都必须重新加以阐释了。误解的根源在于将"凵"简单地理解为"口"的象形，而没有把握这个文字的象征性意思。

象形不能等同于绘画。与其说它是具象的，不如说它是更近于抽象的，并具有象征性的特点。比如"尹"字，是手中拿着一根枝条的形象。对手持竹条狂舞的妇人来说，这根枝条是通神的神物。因此，"尹"是对担当神职者的称呼。当"尹"凭借"凵"来求取神明的话语时，就成为"君"。"君"其实是对成为王的女巫的称呼。

理解文字具体构造的时候，必须善于捕捉文字中每个形体素所隐含的那些象征性的意思。正如解读象征画时，需要从其图像构成中读出画中暗含的语言一样，解读象形文字也必须能够读出字形的实际意义，因为汉字其实也是古代象征画的一种。

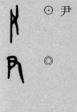
⊙ 尹
◎

⊙ 君
◎

12 巫术的方法

巫术是为了让超自然的力量发挥作用而实施的象征性的行为。人们由于模仿而产生相同的感受，或者由于追从而被感染，相信能够借助超自然的力量来克服危机。将这些巫术仪式通过文字形象化地表现出来的就是汉字。汉字产生的背景，就是这样的巫术世界。

"告"的字形是一头牛将嘴巴靠过来，似乎有什么事情要告知于人。但是真正要告诉人们事情的果真就是牛吗？在甲骨文和金文中，这个字字形的上半部非常明确，是一根小树枝。"Ь"反映的是树枝所插入的装有祷词的器物的形状。这种树枝也许和日本的杨桐枝类似，用于祭神等仪式。其下的"Ь"，是放入祷词的器物，现在仍然可见。"告"，表达的是向神明祷告诉说之意。殷王武丁时期，在讨伐今山西境内的"苦方"时，曾进行占卜，卜辞曰："壬午卜，亘（贞人名）贞：告苦方于上甲（殷王祖先之名）。"另有卜辞曰："贞：告苦方于河。"卜辞内容是说向祖灵和山川祈祷，祈求战争胜利。祭祀山川的仪式后来写作"造"字，指的是造访并祭祀山川圣所的意思。"造"的字形是在"庙"中书写上"舟"（盘形容器）字，反映了在神庙中上供并向神明祷告诉说的形象。虽说是祭祀神明，但仅有祈祷文，祭祀效果应该不会很好吧。

　　有个字形表现的是用手捧举着装有祈祷文的容器"廿"和一根细长木条的形象，这个字就是"史"。"史"也见于卜辞，曰："史（祭祀）大乙（殷王祖先名），王飨。""史"是祭祀祖灵的祭名。如果前往山川圣所进行祭祀，则选择一根较大的木头，系上风幡旗帜，然后举着它出行，这个行为叫作"使""事"。在祭祀山岳的使者出行之时，卜辞记载道："贞。使人于岳。"说明是去进行祭祀活动。祖庙举行大祭，《左传》称为"大事"。

　　从"告""史""事"等字例可见，"廿"指的是在向神灵祭祀祈祷时所用的放置了祈祷文的容器，这应该是毋庸置疑的。当时的人们对这个形象的含

◎ 造

⊙ 史

◎

⊙ 事

◎

义都是不言自明的。对那些举行象征性仪式的人们来说，字形所具备的象征意义和仪式本身的含义是相同的。

13　攻击与防御

　　巫术的目的在于攻击和防御。最初的方法是用巫术性的言语，这些言语通过表记形式固定下来之后就成了文字。公开的祈祷叫作"告"，私密的祈祷叫作"书"。攻击和防御的方法，被附加于充满了巫术力量的祝告之器"凵"之中。

　　向神明祈祷的祝告必须被严密地封缄，以维持自身的巫术力量。要击退邪恶的力量，必须使神圣的兵器表现出最大的威力。因此，人们在兵器上加上了"钺""盾""戈"等字。"吉""古""咸"三个字的字形分别是在钺、盾、戈之下加上"凵"形构成的。"吉"字的意思是将巫术的神力全部聚集到这里，"古"的意思是坚固永存，"咸"的意思是全部结束。它们都是保全祝告神力的防御性方法。作为代词使用的"吾"，原本的字形是用巨大的器盖

◎　吉

◎

◎　古

◎　咸

◎

◎　吾

将"廿"盖住,"敆"(保护)字还具备这个意思。守卫好祝告之器,为了让它的神力发挥出很好的效果。

　　攻破这种巫术神力的方法,是用锐利的刃器等放在祝告之器上,以此来象征对它的破解。"舍""害"二字的上半部的字形,表现的都是用长刃之物来刺穿祝告之器,刺穿之后,器物中的神力就丧失了。在日语汉字"舍""害"的旧体字"舍""害"的字形中,上部的刀刃直接到达了"廿"之上。到达之后,就可以实现对该器物的破坏,并将其舍弃了。现在用的新体字"舍""害"的字形中,刀刃的顶端已然被折断并丢弃,这样的话就不可能再实现对巫术神力的破坏了。这两个奇怪的新字形都是被创造出来的,并不见于以前的字书。

　　"曰"的字形是在神器中放入祷词。有些祷词如"书(書)"字字形表现的那样,被埋入土中隐藏起来,也有些祷词或像"告"字,又或像"史"字字形表现的那样,将祷词悬挂于神杆之上以问神意。如"某"字,即"谋"字的初文,现在的字形上半部是"甘",但在金文中,上半部明确地写作"曰",和"告"有着相同的意象。

　　要想玷污"曰"的神力,只要向其中注水就可

敆 ◎

舍 ◎

害 ◎

曰 ◎

　 ◎

某 ◎

044

以了。"沓"这个字就是这种情况的反映，之后可能还会用脚来踩踏。簪子有时也会用来做巫术用器，其字形中的"譖"是一种诽谤（谮害）他人的巫术方法。两人共同向神明起誓时，则在"曰"之上画上他们的手，这个"昏"字，就是被理解为同族盟友的"友"字的初文。这个字形和手放在《圣经》上起誓的动作同形，现在西方总统和圣职者的就任仪式上还留存有这个程序。

沓

◎ 譖

⊙ 昏

◎

14 圣记号

所有事物都存在于固定的时间和空间中。位于时间中的物体叫作"存",位于空间中的物体叫作"在"。这两个字都是在表示神圣记号的"才"字的基础上形成的。

"才"的字形是在像十字架形状的十字形标木上绑上"ㅂ"。"ㅂ"虽然表现的是盛放祭祷文的器物,但也可以理解为符咒。在标木上挂上符咒就形成了"才"字。"才"是存在的标志。天、地、人合称为"三才"。"才"指的是最原始存在的物体,可以称为"材质""质料"。向神来显现其存在的神圣标志就是"才"。在神圣标志上加上人形,就构成了"存"字,可能有将生命神圣化的意思。"在"字是在"才"字上加上作为圣器的刃器"士",意味着对场所的占领。在日本,标志"占标"(以绳索标记以示占有)的物体就是"才"和"在"。

存亡是关乎生死的事件，"存"即是生命。"在"可以理解为"明察所见之物"，即认识清楚物体所在的相位（位置及形象）。"存在"二字最原始的字义，是将存在本身，即生命的位置和形象显现出来。

"才"有材质的意思，也是一种神圣的记号，内在品德的表现叫作"才德"。"才"也可以指代事物的根源、初始。字形学的经典著作，东汉许慎的《说文解字》（以下简称《说文》）六上部分记载："草木之初为才。"存在之物初见端倪的状态叫作"才"。"哉""载"二字都有"初始"的意思，其字形上的"戋"，表示的可能是刻画有神圣记号的兵戈，这种兵戈应该在祭祀仪式开始之时使用，用于被除不祥之物。从甲骨文中可以看出，"戋"的字形中所包含的"十"字原本包括了"ㅂ"这个形状。

"哉"字从"ㅂ"，指的是祭祷仪式的开始。"裁"字从衣，可能是指开始裁制神衣。"载"字指的也许是车辆出行时所举行的仪式，像现在给汽车挂上行车安全的护符一样。字形上不用"ㅂ"，而以"糸"来作替代装饰，这个字就是"几（幾）"字。"几（幾）"有"征兆""初始"的含义，比如"几（幾）微"的

◎ 戈

◎ 哉

◎ 载

◎ 几（幾）

意思是从无形到形状初现的状态，如果是察觉了几微这个状态的话，或又会加上"针讥（鍼譏）"（禁止诽谤）一词。这些丝带装饰，和日本举行神事时使用的"木绵""白香"大致相当。也就是说，"戈"上附加的"廿""糸"是两种神圣记号，是表现事物更深层次样态的神的记号。

15　誓　约

　　和神明进行交流的话语称作"祝告"，人与人之间交流的话语称作"言语"。"言"是向神起誓的誓约（うけふ），是针对自我的起誓；"语"是通过话语来防御他人诅咒的意思。此外还有流传的"谚语"，它们都是以神明为媒介而形成的。所以说在古代，语言的规范是由神明决定的。

　　"うけふ"是古代词汇，可以写作"誓""誓约""祷"等汉字，但与这些汉字的本义有所不同，它的意思是向神明进行自我起誓，祈求从神明那里得到自身清白的证据。"言"字从"辛"，从"廿"。"辛"的形状是刺入墨色所用的针，表现的是一种刺墨的刑罚。由此可知，"言"字从字形上看，意思是"向神祈誓，本人如有虚伪不纯之处，甘受神明处罚，接受刺墨之刑"，是一种自我诅盟，用"辛""廿"两个形体素

⊙ 言

◎

辛 ⊙ 𐤟

◎ 𐤟

誓 ◎ 𐤟

善 ◎ 𐤟

的组合来表示。复合字才是需要去仔细研读的文字。

　　"言"字是自我诅盟，与神订立誓约，希望能够实现自己的愿望，这一行为具有积极的、攻击性的性质。与之相对的是具有防御性质的"语"字。"语"字字形中的"吾"，如前文所述，指的是将"𐤟"用圣器盖上，有保护好祝告法力的意思。二字相连就成了"言语"一词，表示语言、话语的意思。"言语"一词也是在语言具有神力（言灵）的前提下出现的，是将相关的象征性仪式形象化地表现出来的文字。

　　在"言"上加上"折"字就构成了"誓"字。一般认为割掉草木的行为是进行起誓的标志。缔结誓约时有时会用到箭矢，在日文中"矢"字也可训读为"ちかふ"（即"誓约"）。古时进行审判的话，先从当事者那里收纳好成束的箭矢，然后才开始审理案件。如果使用羊作为神判进行裁决的话，则首先请出神羊，当事者进行起誓。在"羊"之下有两个并列着的"言"的字形，反映的就是原告和被告进行自我诅盟的形态。审判结束后胜诉的一方称作"善"。

　　自我诅盟是面向神明的行为，在神灵前举行。"盟"字由"明""皿"二字组成。有些观点认为"明"

是"盟"的声符，实际上并非如此。"明"字表现的
是有明月之光射入窗户的形态。在上古的半穴居时
代，有光线照射进入阴暗的家中的话，会使人感觉
到神明一直在家里存在着。由此可知，"盟"字是在
神明存在之处放上盘子，然后进行自我诅盟的意思。
《日本灵异记》下卷记载"天皇诅盟，进酒于神而誓"，
斋部广成的《古语拾遗》一书中有"于石窟户前置
酒槽，而后起誓"的故事，都有起誓前向审判神进
供酒食的记录。

　　神明最初只是一种象征，因此和神明进行交流
的手段也必须是象征性的，而文字就是将这些象征
性的手段形象化地表现出来的方法。

 ⊙ 盟

 ◎

 ⊙ 明

 ◎

16　神的来访

神明本身不会说话。当神明想要表达自己的意思时，有时候会附于人的身上，借助人的嘴巴来传达，这就是所谓的"口寄"。神明的直接降临，称作"おとなふ"（音信），"おとなふ"（音信）和"おとづれ"（来访）都是对神明出现的称呼。这两个词都用汉字"音^{おと}"来表示。

前文曾谈到，"言"字从"辛"从"ㅂ"，"ㅂ"指的是盛放祭祷词的容器。在这个容器中如果出现了神的"音信"，则写作"曰"。所谓"曰"指的是神明示下的话语。"音"字的下半部是"曰"，表示在"言"字字形下方的"ㅂ"中出现了神的音信。神明自身不会做自我诅盟，所谓的"音信"是神明对人的自我诅盟的反应，也就是神明的应答。在日本古代，"音^{おと}"指的是自然界的声音，虽然不认识"おとなふ"（音信）这个词，但可知它有"访问"的意思。《神代纪》下卷记载有"夜喧响如熛火，昼沸腾如五月蝇"一句，其中的"喧响"，即训读作"おとなふ"。除此之外，在古代这个词未曾用作"访问"之意。

神明喜好幽暗。祭祀也多在深夜举行，祭祀用语中有"夙夜"一词，意思是从深夜直至清晨。神明居住的世界叫作"闇"(今字为"暗")，"闇黑"的"闇"字为什么是由"門"和"音"来组成呢？其实只要将"問"和"闇"字并排着来观察，就很容易理解了。"問"的字形并不是在某人的家门口访问的形态。"問"的字形中，在门前放置的物体是"ㅂ"，因此是指向神明诉说的话语。这个"門"并非家室前面竖立的门，而是指神明住处竖立的庙门。《论语·乡党篇》中有"誾誾"一词，表现的是陈述是非时语气沉静的样子，而其原本的意思可能与"問"字相同，指的是"访问神意"。与此相对的是神的应答，用"闇"字来表示，即"おとなふ"(音信)的意思。"闇"字可以理解为幽暗，不过比较而言，《汉书·元后传》颜师古注"闇者，默也"的解释更为恰当，"默然"应该是"闇"的本义。"谅闇不言"一词形容的是天子守丧，但其本义是感受到神的"音信"的状态。由此可见，"闇"的意思应该是寂静无声地仔细倾听

⊙ 问

◎ 闇

神的声音。

　　神不会开口说话。只能从一些暗含的"音信"中来观察神明的旨意。除了通过"音信"来推测神意外,别无他法。"意"字的字形就反映了这种推测。推测之意后来用"億""臆"等字来表示,其实"意"字本来就是"臆测"的意思,"億""臆"都是它的分化字。言、音、意三个字属于同一系列,它们的古音之间相互关联。如果从所谓词汇家族的角度来考量,探寻每个汉字的形、声、义等方面最根本的含义,则可以尝试着分析研究汉字的语群及其结构。

意 ◎

17 左 与 右

　　神明借助幽暗的环境隐藏了自己。要想和神明交流，只能用具有巫术性质的方法，即一些象征性的手段。除此之外，没有更好的办法。巫术性的方法之一，即是在神庙门前放置"Ｈ"以询问神的旨意。但是一般情况下，并无从得知神明的所在。寻访这些不知所踪的神明所在之时举行的祭祀叫作"縈"（今字为"祊"）。在祭祀中，为了寻访到神的踪迹，不停地问："是否在此处？是否在彼处？"而在这一过程中人们会敲打鼓面，来发出声音，"縈"字的意思可能就是在祭祀仪式上不停地敲鼓以发出声音。祭祀中有时候也用"閍"字，这个字是形声字。因为神明的声音称作"音"，所以在呼唤神明的时候也同样地会使用鼓音等声音。

　　还有一种用巫术器物来寻找神明所在的方法，

左

◎

右◎

寻◎

工◎

巫◎

即左右两手分别拿着巫术器具来搜寻。在字形上，一般只画出手腕的形状来指代两手。像"左""右"两个字的字形所呈现的那样，两只手分别拿着"工"和"口"两种器物来进行搜寻，这些器具都只在举行神事时使用。"口"字当然不言自明，指的是我们反复谈到的盛放祭祷词的"凵"，"工"则是另外一种巫术用器。巫师可能用左右双手分别拿有这两种器具，一边念叨着"是否在此处？是否在彼处？"一边寻找应当祭祀的场所。左右双手叠放在一起，就构成了"寻（尋）"字。"寻（尋）"字的字形中，上部、下部都是手，中间部分是"工"和"凵"。"寻"字最初并不用于寻找某人或讯问罪犯，而是用于寻找隐藏起来的神明之所在。

　　"寻"除了有寻找的意思，也可指一寻，即左右手伸展开来的长度。只要理解了"寻"字的字义，就很容易明白为什么这个字形是左右双手相连的形状了。展开左右双手之后，舞动衣袖，衣袖随风飘扬，仪态庄重肃穆，即是为了祈求神明尽快降临的舞蹈。

　　"工"这个字形是巫术器具的意思，从包含这个字形的巫、隐、塞、恐等字的字义可以得知。"巫"的字形是左右手捧举着"工"的形态，巫祝可能就是通过这个器具与神沟通的。"祝"最初的字形是"兄"，即捧举着"Ц"的人。从"工"高高举起的形态中也可以产生出恐惧恭敬之意。

"隐（隱）"是表示神明隐身的字。它的左偏旁，以前认为意思是"阜"，即纵向竖立的高山，并不是将横着的物体竖起来的意思。其实，如下文所述，这个偏旁代表的是"神梯"。神明通过神梯从天庭陟降于人间。神明在他那可通于天地的圣所里，飘忽不定地隐居着。《古事记》上卷记载有"仆……隐侍"，说的是依据神明的指示，人们隐祀神明的事情。隐祀之时，要使用巫术器具"工"。为了能够表示出玄妙神意的信息，在"隐（隱）"的字形中添加了"心"字。现在日语的常用汉字中，已经把作为器具使用的"工"去除了。这样一来，就等于摘掉了戴在"隐（隱）"字头上的蓑衣，神明要是再想隐藏自己的踪迹就十分困难了。这真是无心之过啊。

○ 隐

18 "余"的功效

余 ◎
◎

俞 ◎
愈 ◎

作为代词使用的"余"是一种假借，即表音性的用法，它的本义是较长的针。以"余"作为形体素的汉字都是在这个意思上发展而来的。"言"字上半部的"辛"，也是以长针之形作为形体素的。古代的人们，认为这种带有长针之形的器形，具有一种象征性的意义。"言"字中的"辛"，是自我诅盟的意思，"余"字则具有将不祥之物祓除的意思。因为"余"字具有这个意思，包含"余"这个形体素的字就组成了意义相近的文字系列。

作为器具使用的长针"余"，具有一些实用性的功能，与现在外科治疗用的手术刀的功能相当。殷商后期虽然已经完全进入了农耕社会阶段，但仍保留着大量游牧社会时期的习俗，这个时期祭祀仪式上还是会使用大量的动物牺牲。人们可能从对牺牲进行解剖、上供的经验中，积累了不少外科医学知识。其中也许包括最简单的治疗，即将伤口的化脓物切除的方法。旁边放置盘子，用长针"余"将患者的患病部位切除，表现这个形态的字是"俞"。这个字形中，左边的"舟"指的是盘子的形状，曲刀形状指的是长针，在其尖端附近，用一段曲线表示切除。患病部位切除之后，伤者就被治"瘉"了。

患部切除后，苦痛去除，心情舒畅。"愈"字表现的是这一心理状态。"愉"也是同一个字，因写法有别，惯用的使用方法也不同。但是现在日本的《当用汉字表》中，无论是"愈"还是"瘉"，都没有被收入。

切除之"除"字，从其字形上显而易见，是在神梯前方放立"余"的形态。在神梯前放置各种巫术器具并进行巫术行为，以维护神梯的神圣。"限"字的字形表现的是举起邪眼以呵禁不祥之物的形态，右半边"艮"的原形描画的是邪眼之下有人畏缩地站立着的状态。"隔"字字形表现的是安放作为巫术用器使用的陶器"鬲"（一种柱足形炊器）。在日本有很多这样的例证，在山脊等处安放瓮（甕），以作为边境的标识，称作"瓮（甕）之坂"，等等。

◎ 除

◎ 限

《万叶集·卷三·三七九》有"掘地置斋瓮"的诗句，如其所记，将洁净的神酒装满斋瓮，置之于山脊之时将有神明光顾。而"隔"字，指的是将神和人分隔开。

途 ⊙

神梯前方放置的"余"，其自身并没用任何用途。因此很多观点将"余"看作声符，这是不对的，绝不能将其仅仅看作声符。因为"徐""途"等具有相同形体素"余"的汉字，其字义也是相通的。这两个字都是由表示道路、足的偏旁加上"余"构成的。"徐"之所以有"徐缓"的意思，是因为它表示的是保证道路的安全。"途"字字形中也加上了表示巫术器具的"余"，指的是诅咒祛除之后安全通畅的道路。这两个字的字义和"舍"字相通，"舍"字字形中包含的"余"，具有使祝告的功能失效的咒力。舍、徐、途、除、叙等以"余"作为形体素的文字，从声音、字义上来看可以构成同一文字系列。

19　神梯的仪礼

　　神明通过"神梯"陟降（往返）人间，神梯前方的场所是神人相交的地方。所谓"天人之际"，正是指代这个圣所。前文已经讲到，在这个场所放置有"鬲"，以作为神明和人类的分界，并将二者隔开。若放置巫术器具"余"的话就构成了"除"字，"除"字也有"阶（階）除"（台阶）、祛除等意思。神明通过神梯从天上降临人间，站立之处称作"地"。古代"地"字写作"墬（坠）"，这个字才是"地"的正字。

　　神明降临之处的土地，有守护神，称作"地主"，地主也同样享受祭祀。地主用土的形状来表示。同时还要用犬来做牺牲，以清洁神明降临的场所。在被禳的仪礼上常常用犬来做牺牲，"祓"的右半边含有"犬"这个偏旁。伏、祓、家、冢、類（类）、器等字最初的象形文字字形中都含有作为牺牲使用

⊙ 陟

⊙ 降

⊙ 神梯

◎ 墬

⊙ 土

的"犬"，后来由于字体发生改变，很多笔画被转移，才形成现在的字形。

"類（类）"的本义是在举行祭祀天神的仪式上，烧烤犬肉，使其香气上达于天。"然"字表现的就是烧烤犬肉的形态。为了对付邪气，即大地上随风一起移动的所谓的"风蛊"，在年终的"大傩"（驱鬼）仪式上，将犬尸绑在城门上，以防止邪气的入侵。因为地下也会有所谓的"埋蛊"的邪气侵入，也会将犬牲埋入地下。

墜（地）下的道路称作"隧"。除了地上之外，在地下的隧道中也要使用犬牲。在殷商时期的安阳陵墓墓室的棺椁下方，埋入了身着正装的近卫武官和犬牲。这称作"伏瘗（瘗）"，其中"伏"字表现的正是埋入的武士和犬牲的组合。另外，所谓"三伏"，本义大概是指在夏日的季节祭祀中使用犬牲。"瘗（瘗）"字是埋入地下的意思。

邪眼 ◎

在神梯所在的圣地，首先打扫干净地下的隧道，在地上放置土形的土主并以犬牲供奉，在前方竖起"邪眼"以作界限，然后准备一个下陷的地穴，在角落放上令人生惧的鬼魅之类，并在周边的堆土中埋入"书"，形成所谓的"陼"。所有这些准备工作都是为了确保所立神梯的神圣。有时候也许还举行"祭枭"，即将异族杀死并将其架置于横木上。"方"字字形表现的是用横木将尸体架起，而"防"字表现的则是在神梯前举行"祭枭"仪式。从商王陵墓中发现的数千具断头埋葬的遗骨可知，以上的这些字形分析是完全准确、无可置疑的。

"阿"字可以指水边，也可指山体的较高之处，这里是神明的居所。《楚辞·九歌·山鬼》中唱道"若有人兮山之阿"，"山阿"即山鬼出现的地方。"阿"字从"可"声，但发音不同，应是会意字。"可"字字形表现的是在收藏有祝告的"ㅂ"上方放置树枝，以祈求所祈愿之事能够实现。"阿"指的是这个仪礼的举行。《淮南子·天文训》记载："天阿者，群神之阙（宫门）也。"由此可知，神梯也许位于山中的悬崖绝壁之处吧。日本有"梯立"一词，如《仁德记》中记载这样一首诗歌："梯立之仓桥山啊，山势如此险峻，岩石难登攀啊，你要紧紧抓住我的手。"这原本是举行"歌垣"[①]时唱的诗歌。在神梯竖立之处，也会举行这样的歌垣活动。

⊙ 可

◎

————

① 古日本的"歌垣"，指的是在特定日期和场所，男女老幼聚集，共同进餐歌唱的活动。——译注

在神明显现的神梯前方，还放置了表示其灵威的玉器。"隙"字的右半边字形表现的是圆形玉器上放射出光芒的形态。《神代纪》上卷有载："天上织女首饰之玉，其光辉照耀两个山谷。"像这般玉器的光辉，大概意味着神明的出现吧。可以窥得玉器之光的地方叫作"隙"。另外，神梯前的台子上放置的玉器，在阳光的照耀下熠熠生辉，表现这种状态的字是"阳（陽）"。表示玉器光泽的部首"易"的本义一般认为是一切生命的根源。这些玉器也被镶嵌进"王"，即钺头的上部，而这些钺头是王位的象征，放置于玉座前。至今仍有很多镶嵌着玉器的钺头遗存下来。放置在玉座前的这些钺，因镶嵌着玉而放射出皇皇的光辉，"皇"字表现的就是这个状态。神梯的仪式是为了显示王权的神圣性而举行的。

20 行为与象征

文字的构造可以将事物象征化，与之类似，人们的行为也可以被象征化。人们主要通过视觉、听觉等感觉器官来揣摩所观察的对象并力求能够深入到它的内在。这种被象征化的行为与观测对象的内在生命直接相关，与其日常性的行为有很大区别。"见"字字形特别注重描写出巨大的眼睛，"望"字则是侧重描画出瞭望远方的大眼睛。在特定场合"看见"的行为，具有巫术性质。为了加强巫术的神力，还会描画上类似脸谱的"媚饰"，画上这些媚饰的巫女叫作"媚"。媚有时会使用具有咒灵的虫，即所谓"蛊"的咒力，称作"媚蛊"。战争开始后，她们在阵列前伐鼓（击鼓），并施行媚蛊。因此在战争胜利后，首先会将敌方的媚女杀死。轻蔑的"蔑"字，指的就是杀死媚女，使

⊙ 见

◎

⊙ 媚

◎

⊙ 蔑

对方的巫术神力丧失的意思。

　　"望"又称"望气"，意思是通过观察云气来推测远方异族敌人的状态。据卜辞记载，商王武丁在攻伐苦方之际，曾命三千媚女观望云气。他们相信通过云气等自然现象可以将人世之事全部反映出来。因此，只要仔细听取自然的声音就可以预测未来了。

图-11　**甲骨文**　媚兽（獸）

　　"见""望""闻""圣（聖）"等字的字形都是在人的形体上放置扩大化了的眼睛、耳朵等器官。省略、夸张、转位等其实都是指同一种比喻方法，即象征性的手法。在表现人体行为的造字方法中，经常会采用这种形式。

　　"兄"字除了是亲族称谓外，同时还指司掌祖庙中的祝告事务。"兄"既指"祝"祷之事，那么作为

望 ⊙

◎

闻 ⊙

◎

兄 ⊙

◎

圣（聖）

066

对这些祝祷的回应而出现的神气叫作"兑"。无论是"悦"字还是"脱"字，表现的都是一种狂喜的状态。

"呈"字表现的是在表示祭祀场所的"土"之上，将"日"高高举过头顶的形态，目的是让神明观览，而"逞"字表现的则是过于恣意的行为。"程"字不见有古代用例，它的字形大概和农耕仪式相关吧。

农耕仪式需要祭祀田神和谷神。田神叫作"田夋"。"夋"字字形的头部是锄头的形状，下部是带有手足的人形。农业神"稷"的字形颇似幼儿之形，意思大概是表示谷灵再生的谷童吧。扮演成谷灵进行田间舞蹈的男子称作"年"、女子称作"委"。

通过这些字形，可以将文字形成时期人们的农耕生活形象地传达出来。如果能够通晓这些象征性的方法，那么汉字的形体就能以各自的影像为我们完美地重视古代世界。

⊙ 祝

◎

⊙ 兑

呈

◎ 逞

夋

丙　古代的宗教

21 风与云

在文字形成的时期，人们仍被神话性的世界观支配着。神话性的世界观被认为是对当时社会秩序原貌的反映，而如神话般秩序井然的自然界样态又如实地反映着王朝统治的原貌。

根据卜辞的记载，在四方都有司掌各个方域的"方神"，方神带领御风而行的鸟形之神巡视、治理方域。方神大概和地上置于四方的史官是对应的，这些史官或称作"北御史卫"，或称作"西史召"，是代行王朝祭祀的圣职者，置于四方以确保王朝的统治秩序。鸟形之神称为"风神"。"风（風）"字表现的是鸟形之神作为方神的使者往来风行时振翅的形态。在自然的世界里，大概不可能有称为"现象"的东西。所谓现象，应该视之为某种实体的表现。

在天空飘浮着的云朵里也有精灵，这些精灵呈

⊙ 风（風）

云 ☉

龙形。"雲"字的初文"云"的字形表现的是在漂浮着的云气下方，有一条卷曲着的龙尾。现在已经无从得知云层之上居住有龙的观念究竟发源于何处，但是在古人的意识中，所谓"精灵"，必然有其实体存在。

像古人这种从现象的深处来观察实体的思维，也会延伸到观念的世界中。卜辞中，十天称作"旬"，在每一旬末的"癸"日，会卜问下一旬的吉凶，这称作"卜旬"。在整个安阳殷墟时期都会举行这样的卜旬，但我想卜问吉凶其实是次要的、居于第二位的，商王主要是通过这个仪式来祓除不祥，继续维护自己的支配地位。这个占卜仪式可以洁净接下来的十天时间，并使之从属于商王的支配和控制。

图-12 **汉画像砖** 使龙

和"雲"字一样，"旬"字的下部表现的是一条卷曲尾巴的龙。在金文字形中，加入了太阳的形状，由此可知这里的龙也许是守卫太阳的天上神兽。但是，即便如此，"旬"也只是表示十天的词汇，是个时间词。其实，抽象地将"旬"字看作时间的概念是后来才出现的思维方法，在古人的观念中，时间和空间都是被充满着的实体，而祭祀和巫术的举行都是以这个观念为前提而形成的。时间和空间都是有灵性的神兽所守卫着的实体存在。

在卜辞和金文中，有龙、龚（龔）、龛（龕）等文字。这说明当时可能存在着以操纵龙为职掌的部族。《左传·昭公二十九年》记有豢养龙并用之于巫术活动的"豢龙氏"的故事。"龙（竜、龍）"字的字形中，上部戴有一个辛形的冠冕。这个冠冕，同样见于刚才谈到的"风（風）"字和表示风的形象的"虎"字的字形中，由此可以推测，这些字形是后来青龙、朱雀、白虎、玄武等四灵观念发展的初始阶段。四灵的观念是从这些灵兽观念的基础上产生和发展的，这个看法大概是没有疑问的。

⊙ 旬

◎

⊙ 龙

◎

⊙ 虎

22 鸟形灵

鸣 ⊙

唯 ⊙

◎

　　在具有神话性质的世界观中，鸟兽都被看作精灵或者精灵的化身。鸟儿飞翔和野兽伫立的形象都包含这样一些启示性的意义。纵观甲骨文和金文的字形，唯有"鸣""唯"二字字形中的"口"，可以理解为口耳之口的意思。但是，并不能因此认为它们一定是表示鸟鸣的文字。这是因为在古代将"鸟"字理解为鸟形之灵，是极其普遍的观点。文字并不是对现象原封不动的呈现，而是在将现象蕴含的意思形象化之后而形成的。

　　"唯"字在古代文字中的用义词例很多，金文中也使用"隹"字来指代。金文中，"隹"可用于行文开头，如"隹王元年"等，另可作动词"有"与并列词"和"使用，也可作表示所有格的助词使用，如"公唯寿"，还可以表示"虽然"的含义，如"小子隹”。所以说，这个字的本义较难把握。不过，可以从“虽（雖）”字入手来理解“唯”的本义。在字书中，“虽（雖）”字字形表现的是类似于蜥蜴的大虫，但尚未见有这个词意的用例。“唯”的意思是依据飞鸟占卜（鸟占）结果来对某事进行肯定和承认，此外还有“唯诺”的意思。“虽（雖）”字的“𠙵”形之下附有“虫”，表现的是放置于祭祀之器中具有邪灵的虫，即所谓的蛊。正如“虽者，与夺之辞也”（《易经》象下传之疏）所言，“虽（雖）”字指的是改变自然状态的仪式。“隹”字指的传达神明旨意的使者。“进（進）”字中的“隹”表现的是鸟在飞的状态，因此有引导事情进行的意思，这与“使者”之意大概相通。与此可知唯、虽（雖）、进（進），可能都是表示所谓“鸟占”的字。

◎ 虽（雖）

◎ 进（進）

应答一词中的“应（應）”字，古文写作“应（雁）”。关于这个字形的含义虽然还并不十分清楚，但它表现的可能是神明对询问神意之人的应答。这个字中包含的鸟是老鹰，也是神明的使者。或者说老鹰也可能是祖灵的化身。古代举行的“鹰狩”，称作“誓（うけひ）狩”（《神功皇后前纪》）。针对鹰狩的应答，叫“应（應）”。

◎ 应（雁）

夺（奪）◎

雝 ◎

◎

"夺（奪）"字的意思是失去了手中所持之"隹"（《说文·四上》）。但是手中拿有飞鸟，并不是件寻常的事情。在"夺（奪）"字的金文字形中，描画的是衣服中有"隹"的形态。这里的衣服有可能指的是"卒衣"，即死者的经帏衣①之类的物品。哀、衰、畏、褱、襃等字的字形表现的都是在死丧仪式上，用经帏衣的衣襟加盖在巫术器物上的形象。依据这种理解，"夺（奪）"字表现的是夺取衣襟中的"隹"的形态，其意思必然是灵魂脱离肉体，幻化为鸟，并向天空中飞翔。这种状态称作"脱"。"脱"字右边的"兑"原意是狂喜的状态，从字音和字义上看，夺（奪）、兑二字都有相通之处。

幻化为飞鸟离去的祖先之灵，在每年固定的季节都会回到故乡的水边。人们相信，这些成群结队、不违时令飞回来的候鸟，大概都是祖先神灵的化身吧。人们建立宗庙，并引水环绕之，使之成为圣所。这个宗庙叫作"明堂灵台"，圣所叫作"璧雍（雝）"。圣所形状似玉璧，周围有水环绕。"雍（雝）"指的

---

① 为死者所穿之净衣。在衣上书写经文、陀罗尼或佛名，即使罪孽深重者，亦可以得到解脱。此一风气曾流行于日本。——编注

是有隹（飞鸟）舞动之处。根据《诗经·大雅·灵台》的记载，圣所放养着神鹿，有白鸟嬉戏，即所谓的"放鸟"。

23　蛇形神

　　"虽（雖）"字字形中所包含的"虫"，在根据鸟占而问神意的仪礼中，表示的是虫形的巫灵附着的形态。带有巫灵的虫很多，如所谓"媚蛊"的巫术方法，指的是在壶中放入大小上百条虫子，让其相互残杀，认为数日之后最终留存的那条具有巫术能力，并将其用于咒诅活动。在部落的图腾中，若有虫的形状就说明他们是使用这种巫术的部族。像《左传》记载的"豢龙氏"应该就是使用这种图腾的部族的后人。还有这个姑且称为"天鼋"的图像，在人形之下附加了一个龟形的爬虫类动物的形象，大概也是类似部族的标识。

　　祭祀蛇形之物称作"祀"，在日本称为"夜刀之神"。夜刀一词是爱知、静冈以东地区的方言，意思是谷地、湿地，由此可知这个信仰最初可能是在日

天鼋 ◎

本东北地区的一些民族之间流传的。在中国，这个风俗在南方似乎比较兴盛，而饲养昆虫以行诅咒的"媚蛊"之俗，则在苗族居住区最为流行。但是媚蛊之俗其实从殷商时期就已经开始出现了，卜辞中可见有这方面的记载。从商王陵墓中的"伏瘗"可以推知"风蛊""埋蛊"等当时的习俗。

"改"字是重新来过，再生、新生的意思。这个字和它的语根"生"之间颇有关联。"改"指的实际上是死而复生。它本来表现的是殴打蛇形咒灵的形态，作为文字的话其实写作"攺"才是正确的。后来写作"改"，可能是因为与"己"字字音接近，并将其理解为形声字的缘故。其实，这个字右边部首"攴"表现的是殴打某物的意象，所以说它原本是个会意字。类似的文字有很多，如"败"字表现的是殴打贝壳以破坏其咒能的形象，"叙（敍）"字表现的大概是殴打针形器"余"，以增强其咒能的形象。"寇"指的是在庙中殴打虏囚的头部，以达到诅咒敌人的目的。"救"字指的是殴打有皮毛（裘）的野兽，以达到祛除诅咒救人的目的。所有这些字的字形表现的其实都是殴打拥有咒力的物体，并利用殴打对象咒力的"同感巫术"。

⊙ 改

⊙ 败

◎

◎ 救

毅

殴击蛇形的咒灵称作"改",也许人们认为这个字与蛇的蜕皮有类似的意思。对这些原生的爬虫类动物,人们内心有着难以言明的感觉,因而认为它们拥有咒能,而蛇类蜕皮这种生理上不可思议的现象又增加了其神秘感。此外,对于毛发深长的野兽,人们也感觉它们身上有着恐怖的咒灵。"毅改"一词指的是避除邪气的符咒,其中的"毅"字就是表示殴击长满兽毛的野兽。

24 关于弹劾

弹劾的"劾"字，本来应该写作"敎"。因为不论是"弹劾"还是"敎改"，本来的意思相同，都是指一种巫术行为。"弹劾"指的是驱除邪气，"弹"指代"弓"，"敎"指代所用的拥有咒灵的野兽。要驱除邪气所举行的拉引弓弦而鸣的鸣弦仪式叫作"弹"。在举行重要仪礼之时要鸣弦以洁净仪式场所，在深夜也会鸣响弓弭以躲避邪灵。与弓箭相关的祭神仪礼有竞射和流镝马，二者起源甚早，在西周中期的金文中已经可见竞射的仪式了。竞射仪式分左右两班举行，可能具有盟誓和占卜的意味。

"敎"指的是以驱除恶灵为目的的同感巫术。在对他人进行诅咒的时候，会将诅咒加于具有咒灵的动物身上。而受到诅咒的一方，采用同样的诅咒方法并将其加于同种动物之上，以此来击退对方的诅

⊙ 祟

◎

咒，并达到免除所受诅咒的目的。"祟"字指的是形成鬼祟的兽灵。若受到这种法力的诅咒，可殴击形成"祟"的兽，以此解除诅咒，这叫作"杀（殺）"，意思是减杀诅咒，削弱祸害。

同样的方法，有时候也用在人的身上。"方"字表现的是将人的尸体架起的形态，若对其加以殴击的话就称为"放"，即"放逐"的"放"。若是殴打已经成为白骨的遗骸，则称为"敫""敲"。殴打人的臀部称为"殿"。在很多地方殴打臀部演变为了民俗，还有一些形成了"打屁股节"这样的固定活动。

用于"毅"的动物，从字形上看是"亥"，也就是猪，但也可能是生有体毛的动物的统称。若在"豕"字上加上辛形的冠饰，然后进行殴击的话，表现这个形态的字就是"毅"。毅、毅两个字在发音、字义上都相互关联。同样，劇、遽两个字中包含的"豦"也许有相同的含义，若然，则"豦"字指的是近似于虎头的动物。这几个字最初的读音都很接近。

"毅改"也可指称为"刚卯"的符咒，这个符咒在汉代用于祛除群凶和邪气。在正月的卯日，用桃木刻成一块长三寸宽五分的长方形木块，然后写上四字一句的符咒文字，系上绳索，挂在腰间。道家称为"敆鬼符"，用于驱除邪鬼。日本流传的"卯杖""卯槌"习俗，若追其起源的话就是从刚卯发展而来的，再进一步就可以追溯到所谓的"敆改"了。改字的卜文，表现的是碾压虫类之后有血滴出来的生动形象。这些都是认为万物有灵时代的巫术。

检举政坛上政治家和官吏不法、污浊行径的行为叫作"弹劾"。其实正确的说法应该是"弹敆"，这两个字指的都是驱除邪鬼的方法。应该说这一类词的本义正适合用在这种地方。

25 殴 打

　　与精灵交手时，殴打是最为有效的手段，无论攻击还是防御都可以使用。通过殴打可以刺激和鼓动法力。在所有殴打之中，打人的行为是最为严酷的，包含有表现殴打孕妇形象的"殷"字的"朱殷"一词经常被用到，指的是用鲜血来涂红这种巫术，其目的目前还不得而知。

　　"微"字表现的是在路上殴打长发之人的形态，长发之人可能指的是媚女。通过殴打施行诅咒的媚女可以削弱诅咒的力量，或使之无法发挥功效。这和"杀""蔑"等字的字义是相通的，除此之外"微"字还可以读作"なし"（即"无"，没有之意）。"征"字有相同的意象，但也有积极地求得某种目标的实现，即"征求"的意思，此外还有"惩罚"的意思。微、征（徵）二字字形中的"山"表现的都是长发的形象。

微 ◎

表示对这种殴击不屈服的字是"敖"和"傲"。长发之人，有时还可指长老或巫祝。"傲"指的可能就是长老。相互争论的话语叫作"嗷"。《诗经·齐风·载驱》篇所记载的"游遨"，指的是为了表现藐视敌人而采取的一种示威行动。

从事祭祀活动的妇女，一般将头发盘结起来，多数还插上簪饰。妻、毒、齐（齊）等都是加有簪饰之形的文字。"婁"字表现将头发束扎为数重并盘起来的形态。对妇女施加殴打的行为，大概也是有其巫术目的。"数（數）"字表现的是头发纷乱芜杂的形态，同时也有责求的意思。其实，从字形中殴打妇人的形态也大概可以看出这个字原义是苛责的意思。

为发挥巫术效能而遭殴打的对象，并不仅限于动物和人，还有针对神明的发威行为。"Ħ"表示的是向神祈祷时的祝告之器，但为了求得祈愿的实现，有时会用树枝殴打这个器物，即加鞭于器物之身，表示这个形态的字是"可"。通过呵斥以求得神的许可，这样的话所求之事就成为"可能"了。呵责时的喊叫声叫作"呵"，但也可以形成"诃（訶）"和"歌"。加上抑扬顿挫的发音和旋律，像祈祷词那样唱出来，

区（區）⊙ ◎

殴（毆）◎ ○

医（醫）○

自然而然地就形成了声调。

　　祈祷有很多时候是在隐匿的地方秘密进行的。"区（區）"字指的就是匿置有很多"廿"的特定的地方。在这个地方，与"可"字的含义相同，为了让祝告发挥咒能会有很多的苛责行为发生。表现这种行为状态的字是"殴（毆）"，而这个行为过程中的咒诵叫作"讴（謳）"。"讴（謳）歌"的本义并不是指歌颂太平、充满和谐气氛的歌声，而是指向神明求得祈愿实现之时呵责的怒声。语源学上，"歌"字有"诉"的含义，其实从歌、讴二字的本义来看已有这种意思。

　　像所谓的"神圣病"（指"癫痫"）这种原因不明的疾病，除了用巫术方法驱赶之外别无他法。"醫（医）"字最为古老的字形是"医"。与"区（區）"字类似，"医"字表现的是在隐匿的秘密场所，放置作为巫术器具使用的箭矢，依据其咒能来驱赶邪灵的意象。为了刺激箭矢的魔力，也会对其加以殴打，这样的话就形成了"殴"字。"殴"字虽然指的是呻吟时发出的难听的声音，但也可指祈愿时发出的般若声。在当时，医术为巫师、巫医所司掌，所以会在"殴"字下面加上"巫"字而成"醫"字，后来在"酒"被称为百药之长之后产生了"醫"字。现在使用的汉字中，这个字去掉了巫、酒和殴打的字形，演变成了"医"字，重新回到远古时代巫术的形态上来了。

26　族盟的方法

　　古代社会是以氏族制为基础的，氏族则是以祖先的神灵为中心建立起来的。依据祖灵这个中心建立起来的氏族组织是维护整个氏族秩序的根本和基础。而祭祖则是团结氏族成员的最重要的仪礼。确立并巩固氏族之间纽带的各种仪式都是在祭祖的时候举行的，也可以说是在祖先的神灵注视下进行的。

氏 ◎

　　"氏"字表现的是一把曲刀的形态，其刃部细而弯曲，适合切肉。之所以用这个字来指代血缘共同体的氏族，大概是因为在氏族成员一同进餐的时候，所有人都会使用这把曲刀（氏）吧。而表现曲刀插在地上竖起来这个形态的字就是"氏"，表示"根底"这个意思。

　　"族"是个会意字，表现的是在飘扬的旗帜下面有一根箭矢的形态。通俗的说法认为，箭矢向着军旗聚集，因此有"簇（族）集"之意，其实旗帜指的是氏族的徽号，而旗下的"矢"则是举行族盟的意思。不论是"氏"还是"族"字，都是指确定氏族血缘纽带的仪式，应将其看作对氏族共餐和族盟形式的字形化。

和旗帜相关的字大多都是形声字。如旆、旗、旌、旒等字都是形声字，但也有例外，像族、斿、旅等在甲骨文和金文中有用例的字则是会意字，表示的是旗帜所具有的功能。

"斿"是"遊"字的本字，表现的是举旗之人的形态。旗帜上加有氏族的标识而成为族徽。古代的人们在离开自己世居的故土时，也就是说在离开本族守护神灵的守护范围外出时，都要举着族旗行动，意思是将守护神灵随人迁出。"遊"字的意思是离开故乡、外出旅行。外出"旅"行之时，都要高举族旗。因为旗帜中包含了氏族的守护神灵，所以氏族集团在出行的时候，会在旗帜之下进行军礼宣誓等誓约行为。表现这一形态的字就是"族"，指的是军事共同体。

从文字的形象上看，"氏"字与氏族共餐的仪式相关，"族"字与军事性的盟誓仪礼相关。换言之，

⊙ 族

◎

⊙ 矢

◎

⊙ 斿

◎

⊙ 旅

◎

"氏"表现的是以祭祖为中心的族员间的血缘秩序，"族"表现的是军事性团体的构成秩序。从后世所用的词例中可以看出，"氏"字多用在祭祀性的行动中，而"族"字多用在军事性的行动中。

朋 ◎ 鞣

所谓兄弟朋友，指的是氏族内年龄地位相当的同辈者。"朋"字表现的是前后分别挂着一连串贝壳的形态，是个象形字。"友"字的初文是"皙"，前文已经谈到，指双方将手放在象征盟书的"曰"之上进行族盟。氏族成员之间具有生死与共的盟约的人们被称为"朋友"。"兄弟为友"是朋友的本义，而《论语·学而》篇所记的"同志为友"的用法则是后来才出现的。

27　道路的巫术

　　道路连通着外部的世界，是最危险的地方。人们在道路的要冲之处祭祀"道祖神"，在道路分岔延伸的地方设置"歧神"，在疆界一带还设有"塞神"。塞神有时分为男女二神，皆为石神之形，这个神明可以送走精灵和蛊虫。"塞"字字形表现的是填塞"工"这个巫术器具的形态，因为有"阻塞"之神的存在，带来癫痫的疫病神就不能进入了。

　　很多的巫术都在道路上施行。"術"字指的是在道路上使用动物魂灵来诅咒对方的行为。其字形中的"术"代表动物之形。道路上的诅咒有时使用咒语，称为"衙"。有时使用白香①一类的丝束，就在字形中加上表示丝束的"玄"字，构成"衙"。这种诅咒

術

----

①　将麻布一类的物品割裂成白发状的细丝，并捆扎为一束，用于神事活动。——译注

行为称作"妖�衒",其中"衒"字与"幻"字的发音、字义较为接近。"幻术"其实最初指的就是在道路上实施的"妖衒"。

前文已经谈到,使用针形器"余"是一种象征性的方法。有一种巫术是将针形器"余"埋入地下,以驱除地下潜伏着的咒灵,经过肃清之后的形态叫作"途",除、徐、叙等字都属于同一系列。

道 ◎

"道"是个很可怕的字,意思是携带了异族人的头颅行走。金文中,"道"字写作"导(導)",表现的是手中持有头颅的形象。在为奔赴敌地作战的军队做向导时,需要用到异族人的头颅,这些头颅可能是作为一种巫术器具使用的。当时猎取人头的风俗之所以盛行,也是因为在巫术活动中需要用到这些头颅。在认为是苗族器物的铜鼓鼓面所绘之图中,绘有头部装饰细长羽毛的多名战士,携带着刚被砍下来的人头,一边乘舟一边擂响铜鼓前进的画面,而在当时的江淮流域可能就有这样"断首祭枭"的风俗。

在边境举行的呵禁仪式中,主要的内容就是所谓的"断首祭枭"。前文已经讲到,"放"字指的是架起尸体并加以殴打的放逐仪礼,而在"放"字旁边加上了骨头的形象后就形成了"敫"字。其中表示骨头形象的字是"白"。若把"敫"放置于道路之上，就形成了"徼"字，"边徼"一词指的是"边塞"的意思。殴击已经成为白骨的尸体，激动地邀请咒灵以"徼求"咒禁的良好效果；如果白骨枯的话称作"皦白"，击打这样的白骨会发出"噭然"之声，这是因为这样的白骨内部已然"空窾（窍）"了。将激动的事情书之于文则称为"檄"。所有从放、敫的文字都是由祭枭之俗发展而来的。

"邀"字可以读为邀迎，而邀迎敌人其实指的是有巫术性质的对抗。表现巫术对抗时仰起所持头颅的鼻子（自）使之向上的形态的字是"边（邊）"。"自"是"鼻"字的初文。将头颅等骨头置于边塞是一种咒禁行为。在后来东南亚诸岛屿里还可以见到这样的祭枭之俗，而在文字形成期，中国的周边地区大约也流行过类似的风俗。

　敫

◎ 边
（邊）

⊙ 自

◎

28 军社之礼

𠂤 ⊙

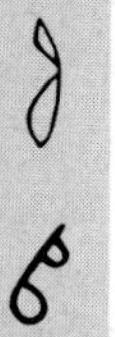

据徐铉校定本《说文·一四上》,“𠂤”读作“堆”,象堆土之形,一直以来学者们都采用这一解释。而将“𨸏”理解为与大的丘陵(陆)形相关联的字也是一种误解。“𨸏”指的是神明降临所用的神梯的形状。“𠂤”字也和堆土等无关,指代大块肉片之形。军队出行之时,先要祭祀宗庙、军社,以祈求获得胜利,供奉祭肉之后军队才开始进发。“𠂤”就是表示祭肉的“胾”(切好的大块的肉)的象形字。在“胾”字的古字形中,表示肉的部分写作“𠂤”。

⿰𠂤束 ⊙

在甲骨文、金文中,“𠂤”字指代军团,另有师长的意思。在军队的驻屯地建有军社,而在军社前放置有“𠂤”。“⿰𠂤束”字指代的是在土地上竖立着的“神杆”。人们相信在表示祭肉的“𠂤”之中寄居着军队的守护神灵，因此将其安置于所建军社之中，表示这个状态的字是"官"，亦即"馆"字的初文。"官"字同时也有军官的意思。

图-13　**鹿头刻辞**　祭祀用牺牲

　　派遣军队追击敌人时，也要先供奉祭肉之后再出发，表示这个状态的字是"追"。"逐"字的含义是追逐野兽，与"追"字因为行动对象的不同而产生意思上的差异。表示派遣军队的"遣"字，是携带祭肉出发的意思。

　　所谓"师（師）长"，指的是有权取下这些寄居着保护神灵的祭肉之人。分割祭肉的时候，使用的是刀刃尖细的曲刀。而"师（師）"字表现的就是在"𠂤"旁边配有曲刀形态的字。另外，"辥"字表现的是将祭肉从上面系住，然后在其旁附加上带有把手的大曲刀的形态，这是个立意与"师（師）"相同的字。

◎　追

◎　逐

◎　遣

◎　师（師）

◎　辥

◎

将"自"肉割截开的目的是满足前线作战的需要，当军队需要分开派遣兵力时，可能就会各自带着一块祭肉前行。

"櫱"字的意思是在被砍断的树桩上又发出了新芽。"孽"在"妖孽"等词中使用。"櫱"字的字义从分割祭肉的含义中派生出来，与之类似，"孽"字指的可能是对祭肉加以破坏的意思。这两个字的字义都是从对寄宿着军队保护神灵之祭肉的处理中衍生出来的。金文中有一个在"辥"字下加上"乂"的字，指的大概是一种铗形的刃器。

军事活动结束之后凯旋的话，也要先供奉祭肉再班师，即举行仪式向祖庙和军社报告。因为祭肉称作"脤"，所以这个仪礼也叫作"归脤"。军队出行时领受并带出的祭肉，在这个时候要再次奉纳。此时，祖庙中举行"束茅"仪式，用扫帚形的物体来过滤酒糟，并清洁祭坛，安置祭肉。表示"归（歸）脤"本义的"归（歸）"字的字形由"自"和"帚"组成，后来添加了"止"字。而这个字具有的"归（歸）嫁"这个含义，是后来才产生的。如果将"自"字理解为堆土之形的话，与之相关的"自"系文字的字义就很难解释清楚了。

归⊙
（歸）

◎

29　关于讲和

"讲和"也可以写作"媾和","媾"字有和好的意思。从字面上看，这个字充满了和好的气氛，然而这个字的本义其实未必如此。

"和"字的意思是休战条约，也有在军门前的投降仪式上交换印鉴的含义。左半边的"禾"指的不是谷物的禾苗，而是指代军门。军门的上部竖立着插有柚木的高高的神杆。在古代中国，京城的大道两旁排列着堆饰华丽的"华表"，就是神杆的极致表现。上古时期圣王为了受理民众的诉求而设有木箱，所谓的"桓表"和"和表"，都是悬挂这些木箱的柱子。军门前竖立的这些神杆，也许是神明降临的神木。金文中还见左右两边共有"两禾"来指代军门的图像。有时候在城门之上，也会高高地树立起这样的"标木"。

◎ 和

◎ 两禾

⊙ 标木（標）

休 ⊙ 𣏟

◎ 休

曆 ◎ 曆 曆

蔑 ◎ 蔑

冓 ⊙ 𢆶

◎ 冓

　　"休"的古字形中也包含了这个"禾"的部分。根据郭沫若的解释，这个字形起源于军事行动中在农作物旁休整军队的形象。其实，"休"字虽然可以理解为"休息"，但它的本义是根据战功接受旌表。依据西周时期的金文可知，天子会按照军功给予赐赏，为感谢天子的恩宠，受赏者会"对扬（回应）天子之休"。

　　旌表军功的仪式在军门"两禾"前方举行。军功称作"曆"，今字为"历"字形的意思是在两禾军门之前放置"曰"，以将军功上告于神明。又将敌人阵前的女巫"媚"杀死，表示这个意思的字是"蔑"，在"蔑"字字形里有时会添加有"禾"，以代指军门。"蔑曆（历）"一词即用作旌表军功之意。

　　与军事相关的重要仪礼，通常都在两禾军门前举行，其中当然也包括两军的媾和仪式。在构成军门的"禾"的前方，放置有向神起誓的祭祷文，战败的一方进行自我诅盟。"和"指的即是投降的仪式。

　　"媾和"一词在古文献中很少见到，但是这个词汇中饱含着降伏者的苦涩和叹息。西周金文中称"通婚"为"婚媾"，即赠予女性的意思。"冓"字表现的是中间连接着的两块纺织物的形状。表示纺织过程中重新进行编织的字叫"再（冓）"。纺织所用的丝线数目有三十稱（今字为"称"）、五十稱等叫法，这个"稱"的本字"爯"代表的是垂下来的纺锤的形象，而两个"爯"相连就形成了"冓"字。遭、媾等字因此都有双方连接的意思，在结婚所用的祝福装饰中，也有绳索相互系结而组成的装饰品，《诗经·豳风·东山》篇中所记的"结缡（褵）"即是这种装饰物。《万叶集》中也记载男女相互约定之时，会将衣服的下纽互相系在一起。"媾"字有结婚的意思，而在军事的和议之中包含有战败方向胜者进贡妇女等仪式，"媾和"之意大概由此产生。由此可见，深入探讨文字的字形学含义，可以将已经消失的人类生活史清晰地重现出来。

⊙ 爯

◎

30 农耕仪礼

在农耕社会，举行季节性的农耕仪礼构成了人们生活的基调。人们生活的基础完全仰仗于农作物的丰歉。卜辞中常见有"有年？"这样的卜问，而决定农作物丰歉的因素在于天候和虫害。天候的情况除了向神明祈祷外别无他法，而人们认为虫害可能是由耕作用器中潜伏的邪气引起的。因此在耕作和播种之前，会举行清洁锄、锹等农具的仪礼。驱除农具上的邪气叫作"嘉"，如"嘉杀"一词指的是洁净之后的农作物。

"嘉"字是由"加"衍生出来的。"力"字指代锄头的形状。在其旁边加上祈祷用的"廿"就构成了"加"，因此"加"字指的是洁净锄头的仪礼。金文中有在锄头形状旁加上"册（冊）"而形成的字形，"册（冊）"是饲养牺牲之处的门扉的形象，这个字

加 ◎

册 ◎
（冊）

100

形含有使用牺牲的意思。农具上若有污秽的话到了秋天就会发生虫害，因此耕作之时必先清洁农具。

在"加"的旁边加上鼓的形状就成了"嘉"字。欲将农具上的邪灵驱逐出去，人们认为鸣鼓发声是一个有效的方法。人们喜爱敲鼓所发出的巨大震动声，因为他们认为鼓声的效果很好。其实原本还有其他各种的巫术方法，比如在农具上涂抹丹青使其神圣化的方法，这个方法叫作"静"。其字形是在锄头的旁边加上"廿"，并以丹青色涂之，使邪气难以靠近。《诗经·大雅·既醉》篇记有"笾豆（盛装谷物的器具）静嘉"一句，意思是洁净供奉于神的"粢盛"（供奉的谷物），其中"静嘉"一词的本义是驱除邪气并洁净作为农具的锄头。

◎ 嘉

◎ 静

"台"字的本义是驱除并洁净铁锹上的邪气。从上古时期开始这个字作代词"我"使用，丧失了原本的含义，但在"治""始""怡"等字的字义中仍然保留了"台"字的本义。

◎ 台

"畿"的意思是对农田进行清洁。"几（幾）"字指的是在兵戈上附上巫术性的装饰来驱除邪气，与之类似，"畿"字指对农田中邪气的驱除。由此可知，"讥（譏）"字也是指逐出邪灵，而"近畿"一词指的是经过驱除和洁净后，不再担心邪灵异神在此留存的状态。

通俗说法认为"力"指的是筋骨气力，这是错误的。从加、嘉、静等字形可知，"劦"字指的是协力、共同耕作。前文已经谈到，农具拟人化而产生的字包括"畟""畯""畏"等。认为"男"字指的是农田中出力劳动的人的说法是有误的，其实它指的是农地的管理者。表现手持锄头进行耕作的形态的字是"动（動）"，这个字是由"童"和"力"组成的会意字，其中"童"字表现的是额头刺墨、头发披散着的奴隶的形象。"劳（勞）动"指的是耕作之事，其中"劳（勞）"的古字形表现的是交叉着的两个"火"下面放置有锄头的形态。其含义可能与"台"字类似，指的是洁净农具的仪式，也许在耕作完成之后，将农具收纳到神仓的时候，会用圣火来烤。而"劳（勞）"字包含的"慰劳"这层含义是很晚才出现的。不论在哪个国家的语言中，农业和意味着辛苦劳动的词语都是同义的，而汉字中"劳（勞）动（動）"这个表示农耕的词汇在字形中就包含了锄头的形象。

劦 ⊙

畯 ◎

男 ◎

童 ◎

劳（勞）◎

丁灵的行踪

31 生与命

所有的事物都存在于连绵不断的生命之中。能够将这连续着的生命过程填满到何种程度，可以说是生存的意义所在。

"生"是自然的生长。维持细胞活动的动力全部来源于生命。因此"生"字用草的繁茂生长的形态来表示。经过一段时间的生长后会有一个节点，加上这个点的话就形成了"世"字，有"世代"的含义。人的世代的横向扩展称作"姓"，指的是基于血缘纽带建立起的集团。

对于自然而生的生物，无法问及它们生命的意义。表示询问生命意义的字是"命"，最初写作"令"，这个字表现的是头戴礼冠的人静静地跪着接受神的启示的形态。这个人可能是圣职者，而神的启示，即所谓的"神意"，就通过他来实现。后来在

⊙ 生
◎
◎ 世

⊙ 令
◎

命 ◎

贺 ◎

贝 ⊙

◎

婴 ◎

"令"字旁边加上"Ħ"形成"命"字，指的是神明针对人们的祈祷而给予的回应，亦即"神意"。生存的意义在于上天根据每个人的自我领悟程度来给予"命"，即所谓的"天命"。《论语·尧曰》篇中记载的"不知命，无以为君子也"说的就是这个道理。人们被赋予的义务，以及对自身义务具备的自觉性和献身精神，在这个字的形象中全都存在。

如前文所示，"加"字与农耕仪礼相互关联，卜辞中也用这个字来表示男子的出生，其意义相当于现在汉字中的"嘉"。卜辞中用"嘉"来卜问男子的出生，用"不嘉"来卜问女子的出生，这种卜问清晰地表明了当时处于父系时代。

"贺"也是归属于"加"字系列的字。其下所附加的"贝"，可能是指"子安贝"。"贺"字是祈求祝福男孩出生的意思。"子安贝"是一种象征着性的巫术器具。在一些场合贝壳还是生命的象征。特别是女子，将贝壳凿孔后用细绳穿起来作为首饰佩戴，"婴""缨"等都是反映这个形态的字。"缨"最初应该是指穿起来的贝壳，有时也用贝形的玉石。农耕仪礼与生殖仪礼之间关系很深，从加、嘉、贺等字的字形分析中，可以看到农耕、生殖观念的影响。

106

上天赐下的恩惠叫作"賚"。字形中的"来（來）"即"来（來）麦"，指代农作物，"贝"指的大概是子安贝。因为子安贝的咒力是一族获得繁荣的基础，所以备受尊崇，"贝"字也因此有财宝的意思。要想使生命连续不灭，农作物和财宝是最重要的两样物品，"賚"字因此有上天的恩宠之意。

⊙ 来
◎

32 玉 衣

　　玉衣即魂衣。虽然称作"玉衣"，并不是指汉代贵族下葬时所穿的金缕玉衣或银缕玉衣。因为古人都是象征主义者，连一条领巾中都寄托着生命的神秘。

　　"保"曾是对最高的圣职者的称呼。一般认为太保与太师、太傅一起，构成了周代的"三公"。其实在商周时期，掌管王位继承之礼，仅见于太保一职。《尚书·顾命》记载了太保掌管的王位继承仪式的各项程序。辅佐周王朝创业的人物包括周公和召公，周公的家族后来称为"明保"，召公的家族则称作"太保"。金文中有将太保图像化了的标识，从中可以得知太保是有着特殊职掌的神职者。召公在金文中被称为"皇天尹太保"，这个是正式称号。

　　"保"字的字形呈现的是一人背负孩童之形。这

保 ◎

108

个孩童左右双手一上一下放置，显示出他的身份是王子。孩童头上放置有玉，在日语中"玉"和"魂"的发音相同，玉其实隐含着灵魂的含义。由此可知，"保"字的字形表现的是新生婴儿的受灵仪式。在表示婴儿的"子"的下方画着的一条斜线，指代的就是玉衣。在真正的仪式上，初生的婴儿可能就是被这个玉衣包裹着的。这大概和日本的"真床覆衾"仪式较为相似。婴儿在玉衣的包裹下受灵。

"衣"字指代的是包裹灵魂的玉衣。日本宫中举行的大尝会的秘仪中也会使用"衣衾"，共同使用衣衾，是一种合体和受灵的象征性方法。《尚书·顾命》篇所记载的仪礼中，也采用将先王的衣裳传承给新王的形式，而日本的"衣"一词指的则是和肌肤直接接触的贴身衬衣。

◎ 产（產）

婴儿出生后，会在其额头上文身。"产（產）"字的上半部有表示文身的"文"字。金文中，有将"产（產）"字下面的"生"用"初"代替的字。这个字指代"產衣"，亦即所谓的"玉衣"。像"珠衣哗哗响"（《万叶集·卷四·五〇三》）这句诗描述的那样，玉衣摩擦产生的声响代表着向灵魂的靠近。

认为玉具有灵性是古代普遍存在的观念。男婴

弄 ◎ 　　甫一出生，就会佩戴玉饰。为了能更好地引导他的
灵魂，会让婴儿手握玉器，称为"玩弄（璋）"。"玩"
是形声字，左边偏旁的"玉"字也许和"保"字字
形中所见的婴儿头部上方的玉器是同一件。"弄"字
表现的是双手托持着玉器的形态。

安 ⊙ 　　女婴出生的话，可能会佩戴"缨"（穿着贝壳的
　　◎ 细绳）。在"安"字字形中，在"女"的下方也和"保"
字相同，附加有表示玉衣的斜线。《诗经·小雅·斯干》
篇中有"室寿"（祝福新房落成）之歌，其中记载，将
手持玉器的男童放置于床上，让携带陶器的女童伏
于地上。从中可见男女尊卑的区别对待，但还有一
个巫术性的目的，就是让女孩从陶器和大地中吸取
阴气。这种情况的出现是以阴阳二元的自然观念为
背景的。玉器本为"阳（陽）"的象征。

33　灵魂飞扬

　　灵以什么样的形态存在着呢？另外，由灵衍生出的事物应该如何称呼呢？这些都不清楚。前文已述，鸟形灵可能用来指代祖灵，而鸣、唯、雁等由此衍生出来的字有传递信号、应答等意思。但是，还没有发现一个能够表示"灵"本身含义的字。

　　"神"字最初是闪电的形象，"申"是其本字。也就是说，体现了自然界灵威的事物就是自然神。"灵（靈）"字最初并非灵魂的意思，而是表示祈雨仪式。在"雨"字之下并列有三个"凵"，代表着装有祈雨所用祭祷文的器具，后来在其下又加上了"巫"字。"灵（靈）"字不久后具有了表示自然界灵威的意思，像在春秋时期的齐大宰归父盘这件铜器的铭文中，有"灵（靈）命难老"这样的祈祷语，

◎ 申（神）

◎ 灵（靈）

111

其意思和"万寿无疆"大约相同。

春秋中期邾国铜器有一件"邾公牼钟",其铭文内容如下:

陆终（古代神话中的神）之孙，邾公牼，作华和钟。用敬恤盟祀，祈年眉寿。用乐我嘉宾，及我正卿。扬君灵，君以万年。

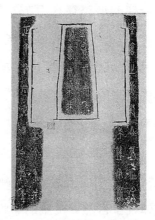

图-14　**邾公牼钟铭**　陆终之子孙

在分灵仪式中，要用到玉。"扬君灵"中的"扬（揚）"字指的是含有振作、鼓动灵魂这个意思的行为。"扬（揚）"字字形表现的是将玉高高举起，灵魂随之飞扬的形态。其中的"易"可以理解为阳光光辉闪耀的形态，但更有可能指的是灵之光闪耀的

状态。在神梯之前放置玉的话就构成了“阳(陽)”字，指的也是神灵的显现。

《楚辞》中的《九歌》记录的是楚地巫祝传承的祭祀歌谣，其内容以歌颂自然神灵为主，如对云神“云中君”有这样的描述：

灵连蜷兮既留，烂昭昭兮未央。

“烂昭昭兮”描画的是云中君发着光亮登场了，然后又唱道：“謇将憺兮寿宫，与日月兮齐光”。另外对湘江水神“湘君”的出现是这样描述的：“横大江兮扬灵。”与神相同，“灵”也可能会放出光辉。后世淮南王刘安评述屈原作品中的“与日月兮齐光”一句时，化用的“与日月争光”，原本是描述灵的灿烂之光的。

34 招 神

“灵”像《九歌》中所描画的神一样，因其自身发出的光辉而呈现，人们因而得知它的存在。但是，人们还要用“招呼”来确认“灵”的存在。“灵”在接受了祭祀的信号后，才能予以回应。

召 ⊙

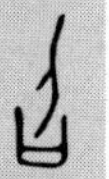

◎

体(〓) ◎

对神的呼唤叫作“召”。向神发出信号的是盛放有祭祷文的“ㅂ”。“召”字上半部的人形可能用来指代降立于此的灵显现出来的形象。太保召公家族负责掌管招神之类的圣职，在代表其家号的“召”字字形中，很多时候还包含了下部放置一尊酒，从上面有双手伸出的形象，这个字体隶定为“〓”（今字为“体”）。

从遥远的天空降临的神，用下降的足形来表示。因神是由盛放有祭祷文的“ㅂ”招请而来，所以字形中加上了“ㅂ”。下降而来的足形和“ㅂ”组成了“各”

字。神灵因招请而从天降临，表示这个意思的词语是"昭格"，本字写作"召各"。

日本在祭祀的时候，为了能招请神灵、请神灵降临，大概也会举行各种仪式。其中有所谓的"天诏琴"仪式，指的是在神灵降临之时，放置一把琴，并在琴头竖立神依板，在板下放上水，若向板上注水弹响琴弦，神的影像会投映到板的水影上，人们伴随着琴声来接受神的启示。神功皇后在征讨熊袭（地名）之时，曾举行过这种仪礼。后来的鸣响梓弓以行招魂术的梓巫，可能就是这个仪式的遗俗。

在古代的中国，祈求神灵降临的时候，大概会使用到"鸣子板"一类的器具。"乎"字的字形指代的就是"鸣子板"，古人振响板子以呼唤神灵。在金文中，"乎"字除了有"呼叫"的意思之外，同时包含有"役使"的意思。王向臣下下达诏令的时候，会有类似于这样的表达，如"王乎史虢生册命颂"（告知其关于任命的诏令）。古时候在进行神事活动之时，呼唤神灵的话会用到"乎"，"呼"字指代的是一边向神灵奉奏祝词，一边打响手中的"乎"（鸣子板）。

听到呼唤的神灵如果降临的话会在庙中显现，表现这个状态的字是"客"。"客"也可以称为"客神"。

⊙ 各

◎

115

客◎ 客

容◎ 容

颂◎ 颂

公◎ 公

王朝在举行祭祀之时，会将前三代王朝的子孙作为"客"来迎接，称为"三恪"，所以说"客"也不一定必然指代异族的神灵。正如"朋友宾客"和"百姓婚媾"（同姓族人和姻亲）两个词是相对使用的一样，在庙中招请来的神灵和宾朋全部称为"客"。

迎请来的祖灵，其容貌仿佛可见。"容"的字形是在庙中添加了一个"谷"字。"谷"与"溪谷"一词中的"谷"字不同，指的是在祝告之器"凵"上仿佛有神灵站立着显现。在这里，"容"有容貌、容仪的意思，已有的金文辞例见于铜器"晋公盦"的铭文："整辥尔容"。"容"字最初指的是庙中显现出来的祖灵的形态。祭祀祖灵时所唱的诗歌叫作"颂"。将氏族内的困难问题上诉给祖灵叫作"讼"。这两个字字形中包含的"公"表现的是祭祀场所之形，而所指代的行为都是在祖灵前进行的。

35 若 与 如

在被神灵附身的人中，有的是年轻的巫女。头发蓬乱，双手上举表现出狂乱的姿势，这就是进入癫狂状态的巫女呈现的状态。若在巫女前放置祝词之器"ㅂ"，这个形态用"若"字表示。所以，"若"字指的是在神灵前一边祈祷一边狂乱舞动的巫女。

"若"字还可以用作第二人称代词，是一种假借的用法，但这种用法在卜辞、金文中还没有出现。有卜辞记曰：

> 贞。王作邑，帝不若（诺）？
> 王固曰：吉。帝若。

此处所记"若"的含义是其最古老的用义，是神明承诺、允诺的意思，和后来的"诺"字字义相当。

 ⊙ 若

 ◎

这个字表现的是领受了神的托言的巫女形态，巫女会将神的托言原样呈现出来。

"若"字还有沿着、及于、如、如果、若何等意思，以及年轻、弱小等含义。这些意思都是从神的托言以及领受托言的巫女的状态中演绎而来的。

如 ⊙

从文字学的构造上看，"如"和"若"是从同一个形体素衍生出来的字，声音、字义有很多相通之处。"如"字也有沿着、如果、如何等意思，另外在助词用作形容词方面也有相同之处，如"自若""突如"等词。虽然有几处在用法上有所不同，但都是使用习惯问题，这两个字本来就是相通的。《诗经》记载的是西周后期，即以公元前 9 世纪为中心的时间段内的诗篇，如果其中的用字表现的是字的初始含义的话，那么完全不需要在若、如两个字之间选择用义。在金文中，"若"字的辞例包括"王若曰""若敬""若（诺）否"，以及"灵力若虎"等，而"如"字仅在战国铜器楚鄂君启节的车节铭文中有记载，意思是"如果"，作假设之词使用。

匿 ◎

"若"字表现的是年轻巫女的癫狂状态，这个看法可以从"匿"字中得到印证。从这个字的字形可以推测，"匿"字表现的是与希腊巫女们类似的，在地下有泉水涌出的幽暗地方，领受神的托言的巫女的形象。这个地方可能是洞窟之类，大概是秘密举行巫术仪式的场所。

"茹"字与表示巫女的"若"的草字头大概有着相同的含义。"若"字上的草字头其实是误写，本来表现的是狂舞的双手盖在蓬乱头发上的形象。在古代，"茹"的初始字形与"若"字相同，后来大约在隶定改写之时成了两个字。与此类似的还有"惹""恕"两个字，它们之间的关系和"若""如"的关系相同，都是出自同一语源。

36　死丧之礼

尸 ◎ 　〔甲骨文字形〕

　　◎ 　〔金文字形〕

死 ◎ 　〔甲骨文字形〕

　　古人也会因为死亡而感到悲伤，但是他们应该具备接受死亡，并将其视作命运安排的超然态度。即便是象征主义者，也不会特意地去避开"尸""死"等字眼，令人意外。在西周金文所见的任命官员的廷礼中，官员就职时有"尸"（掌管）、"死嗣（司）之"等用语。与死亡相关的文字并未避讳不用。

　　但是，只有对生命怀有丰富情感的时代，才会因为死亡而产生十分强烈的哀惜和悲痛之情。一旦病势沉重，人们会使用振魂的方法，一旦气息绝灭，还会继续举行叫魂的仪礼。出生之时的受灵仪礼上会使用衣和玉，与之类似，在去世之时还是在衣襟里放上玉器。

　　眼睛是生命之灯。在衣襟里放上玉环，以等待眼睛之光的回复，表现这个形态的字是"睘"，即

"还（還）"字。"环（環）"就是为了达到这一目的而使用的。水果可以转生，将其放入衣襟之中即"裹"字。包裹即为了灵魂的转生。得知死者生命已经灭绝之后，人们会在他的胸部下方塞入巫术器具"工"。放入四个"工"的话就构成了"展"字，指的可能是死者的寿衣。检查尸体也称作"展"。若在四"工"之外再加上两个"廿"的字形，就构成了"襄"字的初形，这个字也用来指代被襄仪礼。在死者之"衣"中加入表示祭祷文的"廿"，就构成了"哀"字，指代哀哭之礼。在死者的衣襟下洒入"罘"（泪水）以表示对死者的哀悼，表示这个形态的字是"褱"，即"怀（懷）"字的初文。将尸衣的胸部缝上，不再打开，表示这个状态的字是"卒"。在死者的胸部放上玉器，又在他的头部下面放上草鞋，表示这个形态的字是"袁"，这个字的上部是草鞋的形态。穿上草鞋并在胸部放置玉器，表示送死者远行。服丧之人，在胸上系上麻绳，表示这个状态的字是"衰"，服丧的意思，麻绳是巫术装饰之一。所有的死丧之礼，都在衣襟内放置巫术器具来表示。

"尸"字表现的是人的横卧之形，"屍""屋"等

 ◎ 睘

 ◎ 裹

 ◎ 哀

 ⊙ 罘

◎

 ◎ 褱

 ◎ 卒

 ◎ 袁

至 ⊙ 𝕐

室 ⊙ 𝕐

◎ 𝕐

字都从尸。一般的解释认为，"室"是人停留的地方，字形中的"至"有这个意思。"屋"指的是放置尸体的地方，其中的"至"指代箭矢到达之处。室、屋、台等字都包含了"至"这个形体素，但读音有很大差异，这说明这些字并不是与"至"字读音相关的形声字，而是会意字。选卜地之时，选择地点的方法大概是以所射箭矢到达之处作为选定的地方。"室"字指的是祭祀祖灵之处，"台"字是祭祀神明之处，依此则"屋"字必然是指停放尸体之处了。

《诗经·秦风·小戎》是到目前为止意思尚不明确的一篇。全篇描述的都是壮观闪亮的武士的戎装，但在首章的末尾记曰："言念君子，温其如玉。在其板屋，乱我心曲。"这部分明显是挽歌。"板屋"指的是"殡宫"。这和日本的柿本人麻吕①悼念高市皇子的挽歌（《万叶集·卷二·一九九》）类似，后者在歌中褒扬了皇子生前的卓越风姿。送葬完成后，在室中放置"椹"（木帐、几帐一类的帷帐），用以迎灵，这类木帐也叫"神盒"。板屋、椹、室都是抚慰神灵的地方。

————————

① 柿本人麻吕（约660—约720），日本飞鸟时代的诗人，在日本文学史上有着非常重要的地位，大致相当于我国的杜甫、白居易。他的诗作大都收在《万叶集》中。——译注

37 老残之人

　　年幼而死称作"殀"，遭祸而死称作"殃"。这两个字和"死"字相同，都从"歹"。"歺"指代残骨之象，"咼"指代留存有身体上半部的残骨，其字形下半部所加的"凵"指代诅咒，因此这个字有向死灵祈祷，以求灾祸降临的意思。

　　鳏寡之人，指的是躲避过了"殀"和"殃"而上了年纪的人。但是年老之后，失去了配偶，大概会感到非常寂寥吧。老而无妻曰鳏，老而无夫曰寡。古代圣王之世，鳏寡孤独者都是天下的穷人，是福利政策最先关注的对象。虽然这只是将古代理想化了的传说，但是在尊敬老年人的社会中，老人还是能够享受到年轻人的尊敬。孟子见梁惠王时，惠王称呼上了年纪的孟子为"叟"，即"老先生"的意思。"叟"的古字体是"叜"，表现的是庙中持火之人的

 ⊙ 叜

形态。和古罗马的家族父长类似，在中国这个字可能是对祭祀一类的人的称呼。

人们称年长的老者为"耆"。字形中的"曰"大概指代经常祈祷、了解神意的人。用于卜问神意的《易经》一书中记载用于卜问天地之数的"蓍"，就是和"耆"相关的字。古代的天子礼遇"三老"，即天下的长者老者，并大规模地举行敬老仪礼，这在《礼记》中均有记载，其实，这可能反映了人们对现实中难以见到的敬老行为的一种期待吧。

鳏 ◎

"鳏"字是由"鱼"和"罘"组成的会意字。"罘"是眼泪的象形。前文谈到，"褱（怀）"指的是在死者的衣襟上洒上眼泪，表示死别。老而失妻的男子为什么用"鱼"和"罘"组成的会意字来表示呢？的确很难理解。其实这和古人的象征性思维有关。在这种思维中，"鱼"代表女性。《诗经》的诗歌在记载结婚祝颂的时候，常常会列入鱼的名称，还用钓鱼来表示两人的结合。古代女子出嫁，其中用作媵器（充当嫁妆的器物）的青铜盘，有的刻画着鱼纹。中国"抗战"胜利后不久即被国民党特务暗杀的闻一多有一篇论文《说鱼》，搜集了大量的中国文学作品中将鱼作为性的表征的例子。"鳏"字表现的就是对着性的表征"鱼"垂泪的老人的形象。

　　"寡"字表现的是庙中有一个忧愁之人的形态。
这个人所叹息的，当然就是那个抛下她先走的丈夫。
"忧（憂）"字的字形是在表示这个形态的人的旁边
加了一个"心"。表示那个妇人思念的形态的字是
"优（憂）"。表示打扰到这种思念的字是"扰（擾）"。
像一般用鱼来代表妇人一样，一般用鸟形灵来代表
男人。在这个忧愁叹息着的人的身后，有时添加了
一个若无其事的"隹"的形象。原本站在面前的人
转瞬即逝了，通过从身后靠近过来显现的形象来体
现，古人在造字之时，一定是再次听到了那深深的
叹息声。

◎ 寡

◎ 忧
　（憂）

◎

38 亲与子

　　"亲（親）"原是对"父母"的称谓。其实指的是新受祭祀的父母。祭祀之人是他们的孩子。"亲（親）"的左偏旁与"新"字相同，二者有一定的关联。

　　"新"指的是新木，即用斧斤砍倒了的树。它的字形中，"木"的上方插入了"辛"。"辛"指"针"，若要确定所要砍伐的树木，就在其上插入"辛"。在选择神事等活动中所用的树木时，大概就会采用在树上插入"辛"的方法。在日本的入山仪礼中，正月第一次入山时，会奉上经过挑选的树木以作供品，并给予飞鸟饵料。鸟儿被认为是神的使者。伐木的前一天，在欲伐之木的前面竖立斧斤，到了第二天斧斤倒地之时则中止砍伐。人们习惯认为如果没有什么异样的话，砍伐就是山神所允许的。中国古代在树上插入"辛"和竖立斧斤的目的大致相同。另

新 ⊙

⊙

外，人们还会在树上刻上木印，即所谓的"栔"。这些都是与神事相关的活动。"薪"指的是每年年初第一次进山砍伐得来的木材，在其他一些民俗中使用，如用作门的装饰，以及用于卜问年岁。

"亲（親）"字表现的是人见到新木的状态。见到并不是指视觉上的看见，而是指拜见，以及与所见对象之间的内心交流。金文中的"亲（親）"，其字形在上方多了一个表示宗庙的符号，说明"亲（親）"是在庙中举行的仪礼。

"亲（親）"字中所包含的新木，大概用来指代制作新神位的树木，人们当时用经过拣选的树木来制作牌位。面向牌位而立的人，指的应该是失去亲人后在牌位前进行祭祀的儿子。

对于双亲来说，这个儿子叫作"顺子"。金文中有"顺子""余顺孙"等辞例。"顺"字的字形由水、页组成。"页（頁）"字专门用来描述参与仪礼的人的姿态，像"颂（頌）""类（類）""显（顯）"等字都与祭祀和神事相关，而"颜（顏）"则是表示成人仪式上的文身仪礼的字。因此，"顺"应该也是表示到达水边将举行某项仪式的字。"涉"字旁边加上"页"组成的"濒"字，在金文中也有出现。被

◎ 亲

◎ 顺

认为与周公家族相关的周初时期铜器邢侯簋铭文记曰："拜稽首，鲁天子厥濒福。"其中的"顺"字写作"濒"。"频"字的本义是忧愁的叹息，所以"濒"字指的可能是在水边举行的哀哭礼。《诗经·小雅·鼓钟》是一篇到达水边凭吊淑人君子的诗歌，这个凭吊仪式和顺、濒二字有关，但是其具体的仪式内容还有许多尚不清晰之处。

悼念已亡之人时，将白木棉等物挂在玉上，以祈祷灵魂的安乐。"显（顯）"字表现的就是在玉上挂上丝织物，然后进行拜祭的形态。古人以为这样拜祭的话，已亡人的模样就会显现出来。

显
（顯）

39 非命之死

"贫乏"并不仅仅有贫困、匮乏的意思。其本义是，因为贫苦最终在去世后连葬身之处都没有，尸骨就这样腐烂掉了。"乏"字指代尸体。这具尸体有可能是在河川中泛浮着并随水漂流，"泛"字有这个意思。这具尸体也可能被埋在路边的土穴内，"窆"字有这个意思。另外，"砭"字释为"劝诫"，"贬"字释为"贬抑"。这些都是表示使用尸体来进行巫术仪式的文字。

农耕社会时期，生产效率低下，全部依赖自然条件，一旦遇到灾荒来袭，又没有有效的救荒政策，就会出现千里无人烟的饥荒状态。"艰难（艱難）"等表示人们遭受艰难困苦的字词中包含的形体素"莫"和"堇"，原本都是表示饥馑意思的字。

太阳持续炙烤大地的话，就要赶紧请雨。"灵

129

堇 ⊙

◎

难
（難）◎

堲

（靈）"字的字形表示的就是进行请雨的巫女的形态。《神代纪》上卷中记有"大日孁贵"这个词语，其中的"孁"字有巫女的意思。如果请雨没有成功，就会焚烧巫师来祈求雨的降临，即所谓的"焚巫"之俗。正如弗雷泽（James George Frazer）在《金枝》一书中谈到的，古代的王是"被杀之王"，很多巫的最终命运也是被焚烧而死。"莫"这个字形表现的是巫师捧起盛放祭祷文的"凵"被焚烧而死的形态。表现女巫最后的骇人光景的字是"莫"和"堇"。属于"莫""堇"这一系统的字都用来表示与饥馑和焚巫相关的风俗，"难（難）"字也继承了它们的发音和含义，在字形和意思上与它们都有关系。

由于饥馑被迫离开故乡流浪的人们，大概有很多在道路上死于非命吧。这种情况叫作"道馑"，即在行走的途中倒毙之人。对这些枉死者置之不理，人们担心他们会在当地作祟，因此暂且将他们临时埋葬，以抚慰他们的怨灵。人麻吕曾写过不少埋葬、凭吊道馑的诗歌，比如在赞岐狭岭岛的海边，在大和的香具山，又或在吉野川的河边，由此可知人麻吕大概负责与道馑相关的职务。"堲"指代掩埋，大概是用土封上的意思。"涂（塗）"字中所含的"余"

这个形体素，用以指代驱除道途中邪灵的巫术器具，"涂（塗）"字大概也有"墐"字类似的意思。"京"指代的是将战场遗弃的尸体掩埋起来，用以筑成城门，与"涂（塗）"字很相似。

　　"亡"字与"乏"的音义都很接近，指代身体被弯屈了的死者的形象。"充"表现的是死者有头发残留的形象。若将这样的死尸横陈于原野之上，则用"荒"字来表示，这的确是个很荒凉的字。残骨相互重叠的话就构成了"匃"字，有与"匃求"相关的用义。与"徽"字一样，"匃求"的含义是从使用死尸进行诅咒的仪式当中产生出来的。在"匃"字上加上表示祭祷文的"廿"就组成了"曷"字。"曷"是非常严厉的诉求用语，表示诉求之声的"喝""愒"等字具有连鬼神都能被打动的力量。过于激动地呼喊之后，暂时地屏住呼吸的话叫作"歇"，声音已经穷尽的话叫作"竭"。"谒"大概指用咒语来诉说。这些字都从"曷"声，都是在死灵的世界中形成的。

◎ 亡

◎

◎ 充

◎ 匃

　 曷

40　恒久的世界

永生是从古至今未曾改变过的人类的愿望，但是这个愿望以前从没有实现过，今后大概也不会实现。恒久的、永恒的世界只有通过死亡才能够达到。

"久"字表现的是将尸体从其背面支撑起来的形象。表现将"久"收纳起来的形象的字是"柩"。"远"的意思是死者从死丧之礼上的"袁"中出来，踏上去往永远的旅途。在出发之际，也要为死者准备行装。让他的头枕在"止"即草鞋之上，在胸膛下方放上圆形的玉。这样的形态叫作"袁"，是将要踏上永远的旅途之人的形象。

"久远"一词，指的其实是死后的世界。大概是喜好辩证思维的战国时期掌管祭祀之人赋予了这个词语永恒的含义。他们不惧怕死亡，所以能对死亡有一个真实的认识。庄周这样的人大概是有这种认

久

识，面对妻子的死亡，他一边击缶，一边唱起去往永恒世界的赞歌。

对于这一类的思辨者来说，不变的世界被称为"真"。"真"字最初表示的其实是死于非命者的形象。在他们的思辨思维中，现象和存在世界之间能够相互转换，从现象中可以观察到存在的本质。相对可以转换为绝对。"真"字表现的是手足倒置的死者的形象。字形的上部是"化"，指代已经变化的事物；下部的"县（縣）"指代倒置的头颅，即头发随风飘动着的死者的头颅。颠倒的"颠"字表现的是临时凭吊"真"，即横死路上的"道馑"之人的形态。

枉死者之灵，常常会表现出强烈的愤恨情绪，因此需要"寘埋"他们的尸骨，做临时性的埋葬。但是仅仅这样做还不足以"镇抚"这些怨灵，只有设置合适的祭祀场所来安放他们，这些怨灵才会稍有所安。使用玉器，也可以用来"瑱抚"这些怨灵。但是，那些枉死者希望能申诉自己的冤屈，当勃勃的怨气无处发泄时，有时会发出"闑然"之音，会惊吓到人们。音、闇（暗）二字，本来都是形容神的情形的文字。

这一系列以"真"为形体素的字，一直以来都

◎ 真

◎ 县

被看作形声字。这些所谓"真"的价值观念，是在怎样的思维过程中形成的呢？在古人的辩证法中我们找不到答案，因此很难理解这种令人惊奇的价值转换。文字形成于公元前14世纪，从这一时期开始直至思想家活跃的战国时期，在大约一千年的时间内，人们尝试采用象征性的手法和概念来解释思维，并通过字形来体现，借此完成了对精神世界的展现。文字研究因此也成了具有精神史性质的研究。

戊

字形学的问题

41 限定符

从前文谈到的若干文字的构造很容易得知，古文字构造的成就在于，最为有效地运用文字形象的象征意义，用最少的意义要素即形体素，来明确表达相应的意思。当文字的意义要素无法再作省略，已经达到省略的极限时，文字就形成了。文字中的一点一画都蕴含着字的形和义。

字形的笔画繁复有各种各样的原因。造字者刚开始应该也不喜欢使用繁缛的表现形式。多画化的最重要的原因，应该是字的多义化。比如，"申"字指代闪电之象，最初的意思是神。"申"字可能在经过演绎后出现了伸展的意思，因此表示这个分化意思的"伸"字就产生了。在"申"字旁边加上了表示祭坛的"示"，又构成了"神"字。本字"申"则成为十二地支用字。"神"字始见于铜器宗周钟的

◎ 神

⊙ 祀

◎

137

祭 ⊙

　◎

且 ⊙

宜 ⊙

铭文，该钟为凭吊西周中期在位的周昭王而铸，他在南征途中溺毙于汉水。左偏旁是"示"的字，见于甲骨文的有祝、福、祀等，这些字的字形中祭坛的形象是必不可少的。甲骨文中，"祭"字表现的只是手持祭肉上供的形象，祖先的"祖"也只是用表示俎的"且"来指代，这两个字的字形中都没有添加"示"。郭沫若认为"且"像男根之形，依据是文字形成于父系时代，这个观点广为人知，其实"且"字是供奉祭肉的俎的象形字。表示在"且"上放置肉的形态的字是"宜"，"障且"一词的意思是饗宴。在"且"字旁边加上"肉"的话就构成了"俎"字。"且"字多义化之后，也有租、组、叡（以及）等含义，而这些字是在字形中加上了"禾"与"糸"等表示词汇所属范畴的限定符之后构成的，同样的构成方式也适用于"祖"。作为本字的"且"现在仅剩下"而且"这一个义项和用法了。

姅 ⊙

燥 ⊙

　　甲骨文中限定符，可以说几乎只限定在固有名词中使用。常见的情况是，加上左偏旁"女"构成"姅""燥"等氏族名，加上左偏旁"水"构成"洹""滴"等河流名。

　　从这几个字例可知，限定符只用来表示所构成

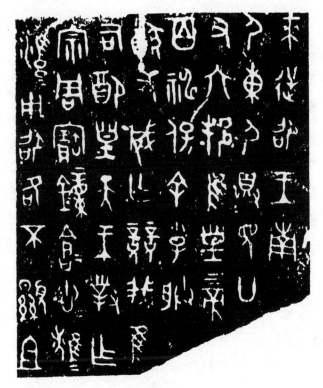

图-15　**宗周钟铜铭**　皇上帝百神

文字所属的范畴，并不作为有意义的形体素参与语义的构成。也就是说，限定符并不是文字的会意部分，大多只是在像"江""河"等形声字的字形中，充当符号性的标识。从文字的部首来看，有山水草木、鸟兽虫鱼等部首的字，大概都是由限定符和声符组成的形声字，即所谓的表音文字。

　　文字形成的基础是象形字，加入指事记号后构成指事字，象形字组合之后形成会意字。《说文》中记载的这三类基本字的总数约为 1400 个，其他的都是形声字，即采用表音法而形成的文字，或者说是两层结构的文字。如前文所述，在正确把握象形字本身所具有的表象性的意思基础上，需要从字形学上明确地区分由限定符和声符构成的形声字，以及由有意义的形体素复合组成的会意字之间的差别。

42　会意字的构造

　　包含限定符的形声字和由形体素复合组成的会意字构造上的不同，可以从它们各自的造字意识方面来区别。限定符仅仅起到符号标识的作用，与文字的其他形体素之间不存在构造上的关系。比如，表示涉水这一行为的"涉"字，字形中的"水"不是限定符，因为"水"并不位于限定符通常所在的位置，而是和"步"交叉在一起构成了这个字。又如"沈"字，在甲骨文中描画的是将作为牺牲的牛投入水中的形态，而"沈"这个字形则是后来出现的形声字。

　　当部首在文字中表示某种具体的行为时，其所属之字在多数情况下是会意字，而非形声字。比如，指代手以及手中持有某物的部首有"攴（攵）""殳"，与仪礼相关的部首有"见""页"，与往来相关的部

 ⊙ 涉

 ⊙ 沈

 ◎

首有"彳""行""辵""走"，当字形中包含这些部首，或者是包含有指代使用某种器物的形体素的时候，这些部首和形体素用来表示相关的行为、机能、状态等，文字则由这些形体素的有机结合而复合组成。告、古、吉、吾、舍、害等字都由指代盛放祭祷文的器物"ㅂ"，以及指代加于"ㅂ"之上的其他器物的形体素共同构成，人们可以依据两个形体素的组合关系，分别解读出每个字所代表的具体行为及相关含义。攺、救、牧、敔、叙（敍）以及杀、殴、殿等字的字形由行为对象及加于其右旁的"攴""殳"构成，以表示某种相应的巫术行为。另外，阜部之字，是将人们在神梯前举行的神事活动文字化，因此要从神事行为的角度来把握这些字。也就是说，这些字中的"阜"已经不是单一的限定符，而是表示行为场所的形体素。如果需要表示场所设定的话，就需要添加相应的偏旁，如"宀""广""門"等偏旁表示与建筑物相关，"彳""辵""行"等偏旁表示与道路相关，问、闻、闇、闭等字中的"门"指代拥有神灵存在的庙门；"闭"字中门内的"才"，是拒绝俗人进入的圣记号。

弄清楚限定符和形体素之间的区别，是理解字形学的基础。比如"鱼部"的字基本上都使用"鱼"
这个限定符，以表示其所从属的分类范畴，所以说
这些字都是形声字，鱼的名称通过字音的不同来区
别。但是"鳏"字不是从罒的形声字，而是会意字。
另外"苏（蘇）""鲁（魯）"等字也不是形声字，其
字形中的"鱼"用来表示祭祀中使用鱼的仪式。

⊙ 鲁

◎

图-16　**石鼓文**　鱼部之字

以"隹""鸟"为部首的字，基本上也都是形声字。
反过来说，不是形声的字，很多时候可以用会意来
解释。从唯、鸣、夺（奪）、奋（奮）等字的结构来看，
很难说"隹"是它们的声符。而通过对"唯""雕""雁"

143

等文字构造的分析，可以探索文字的形体学研究方法，比如前文谈到，"虽（雖）"字由"唯"加"虫"构成，"雝"字是璧雝（周代的圣所）之制的文字表现形式，"雁"字与"隹"在形、义上都有关联。文字的构造本来就是成系统的，因此在研究中也应该尝试对其进行整体性的理解。

43 手的用法

"手"是一个象形字。但是，随着上下左右使用方法的不同，手的字形会有很多的变化。"又"是"手"字最为一般的字形，当表示左手、右手的时候，"又"的书写朝向不同，或朝左或朝右。这个字形表现的是手中没有任何物品的形象，而"左""右"两个字表现的是手中分别持有盛放祭祷文的"廿"和巫术器具"工"的形态，已经涉及巫术行为了。

"受"字表现的是从上垂下的手授予某物，从下伸出的手接受某物的形态。因此"受"字具有"授""受"两个意思。授受的物品装在舟型器中，这个舟型器指的是盘子。前文已经谈到，"寻（尋）""隐（隱）"二字字形中包含了左右双手重叠的形态，由此可知手的用法的不同会引起字形上的种种变化。

⊙又

⊙受

◎

表示两手上举的字形有"关（關）""共""廾"。表示两手垂下的字形是"臼"。"送"指代的大概是双手举起赠送玉器一类的祝颂之物的形态。表示盘子中放入物品来赠送的字是"朕"（賸、媵的初文），根据赠送物品的不同有"賸""媵""胜（勝）"等字。从"臼"的有"召（𥕛）""学（學）"等字，大约都有接受神灵祐助的意思。从"共"的字有"异（異）"，"翼戴"（辅佐拥戴）的意思。"异（異）"字上部的"田"指代鬼神的头部。"承"和"丞"字表现的是将人抬起来的形态，都有拥戴高位之人的意思。从"廾"的字有"弄"，表现的是手持振魂之玉的形态。"巩""扬（揚）"字表现的分别是双手举起捧持着"工"和"玉"之人的侧面形态。"执（執）"字表现的是双手戴着"械"（枷具）的形态。"幸"是"械"的象形字。

据《说文·三下》所记，"为（為）"象母猿之形，但卜辞记载"为宫室"时，"为（為）"字呈现的是役使大象的形态。卜辞中也有卜问狩猎大象的内容，由此可知殷商时期其狩猎地内有大象生活和栖息。六朝时期，江北地区仍有象群活动。古时候，

146

在营造宫庙的时候役使大象，这里面多少都有一些宗教性的意义。

牵牛曰"牵（牽）"，"牵（牽）"字表现的正是牵牛的形态。卜辞中的贞人（占卜之人）的名字常见叫作"牵（牽）"的，多数学者释之为"争"，但如果是"争"的话，必须要表现出上下两只手相争的形态。上下两只手所持之物若是杖或环，用"爰"字来表示，是伸手援助的意思。

"人"之上加有"手"的字是"孚"，是"俘"的初文。表示使某人屈服这个形态的字是"艮"，现代汉字中，这个字字形中的"手（又）"移到了字体的下方，与"及"字已无区别。"及"字表现的是从某人的后面追赶，并抓到衣服底襟的形态。表示急于抓住的急切心情的"及"和"心"字组合，就构成了"急"字。

拜启的"拜"字，本来表现的是拔除花草的形态。周代的召公在棠树之下对领民的争执进行裁判，人民拥戴他的公平。裁判之事，后来用"棠阴"一词来指代。《诗经·召南·甘棠》篇称赞召公之德，作甘棠之歌来纪念他，诗曰："蔽芾甘棠，勿剪勿拜"。

◎ 扬（揚）

◎ 执（執）
◎

◎ 为（為）
◎ 牵（牽）
◎ 爰
◎

◎ 孚

◎ 艮
◎

◎ 及
◎

拜 ◎

东汉郑玄注曰："拜，拔也。"但未从字形学上予以解释。清末的金文学家吴大澂在其《字说》一书中，首次依据"拜"字的金文字形来解释它的字义。《字说》虽然只是薄薄的一本小册子，却是近代以来文字学的奠基之作。

44　足的三种形态

　　表示脚尖的字是"先"，表示足迹形状的字是"止"，表示膝关节以下形状的字是"足"，表示两脚动作的字有"夂"和"舛"。它们都是象形字。

　　"止"有休止的意思。在表示向前走上一步的字形上加上脚后跟的形态，就构成了"出"字。表示左右两脚向前迈步的形态的是"步"字。"步武"一词指的是执戈前进的意思。军事活动中先行部队叫作"先"。先行到达目的地后需要马上洗净双足，因为双足所沾染的污垢中潜藏着邪灵。"洗"字在古文字中写作"歬"，字形中的"舟"指代盘，用盘中之水来清洗"止"（脚）。"歬"字是"前"的初文，"前"字指代的是将洗净的脚指甲剪掉，所以其字形中添加了"刀"，现在剪指甲的话用"剪"字。"前"字

⊙ 止

◎

　　舛

⊙ 出

⊙ 步

⊙ 武

◎

⊙ 先

◎

有切齐、砍齐的意思。除"胔""前"之外的字都是字形上的重复而已。

与道路和步行相关的字大多从属于"彳""辵""行""走"等部，而"足"一般作为限定符使用。前文已经谈到，使用限定符的字几乎都是形声字。比如"跣""跨""踞"等字，其初文分别是"先""夸""居"，在添加限定符之后形成从足的字。

"足"字的古音读为"胥"，有"补胥"之意。金文中，命令辅佐正长之官的话，写作"左足"，即"佐胥"之意。"疋"和"足"之间的关系或许如左右、前后一样是相对的，"旋""疑"二字从"疋"，表示回来、返回的行为，由此可以看出这一点。

字形下部写作"夂"的话，这个"夂"指代站立着的人的侧身之形。"忧（憂）"字前文已经谈到，表现的是朝着庙中之人叹息的妇人形态。"爱（愛）"字表现的是恋恋不舍地一边回头看一边叹息着的人的形态。"爱（愛）"字的上半部是呈现站立之姿的"旡"，即"既"字的右偏旁，指代饱食之后朝后方探望的人的形态。呈现朝前方张口这一姿态的字是"欠"，若再有气息吐出的话就是"次"字，而"姿"

胔 ⊙

◎

疋 ⊙

爱（愛）⊙

既 ⊙

◎

欠 ⊙

字表现的是站立着叹息（咨）的女子的形象。

　　表示两足向两边分开之形的是"舛"字。这个字也有表现交错、交叉这一形态的意思。"舞"字最初写作"无（無）"，呈现的是在舞者的旁边添加衣袖作为装饰的形态。在"无（無）"字成为"有无（無）"之"无（無）"的专用字后，就在其字形下方添加"舛"字组成"舞"字来表达它的本义。"舞"字是字形上有重复之处的字。

◎ 無（舞）

◎

　　"夏"字也指代舞姿，表现的大概是伴随着音乐，在庙中翩翩起舞的形态。在古代乐章的名称中，称"夏"的不少，如"九夏""韶夏"等。这类舞蹈体现出了堂堂的威仪之容，因此"夏"字也具有"大"的含义。直到很晚"夏"字才具有冬夏之"夏"的含义。

◎ 夏

　　从"夏"字与"夔"字的关系中可以看出为什么"夏"是表示舞容。"夔"被认为是音乐之祖，是单足舞蹈的神明。据《书经·舜典》所记，夔奏乐击石，百兽纷然起舞。这大概是尚未开化的社会举行狩猎活动的反映。"夔"的形象是头戴似鹿角装饰的神明，其字形直接反映这个形象。

◎ 夔

45 人的会意字

伏 ◎

伐 ⊙

◎

　　人部的字大概都是形声字，但表现与身体相关的形态的字多是象形字和会意字。人部的字，既有后来加入限定符而形成的形声字，如"位""僮""僵""优（優）""俊"等，也有像"伏""伐"这样的会意字。像"仇""伟（偉）"等字，字形中的"九""韦（韋）"和字义完全无关，因此是形声字，而"伏""伐"等字字形中不包含发音的部分，因此是会意字。

　　"伏"的本义是将人和犬组成"伏瘗"埋入坟墓，作为牺牲使用。"伐"字表现的是将戈加在人的旁边，有砍伐的意思。"信"字一般认为是指人和人之间的约定，其实右边的"言"指代向神禀告的自我诅盟，因此"信"是指人向神的起誓。人和人之间的约定，最初并不是用"信"来指代。

"身"字表现的是侧着身子的人的腹部。"殷"字表现的是殴打"身"形之人的形态，目前尚不知这种行为的巫术目的。"殷"字指代流血的状态。在腹部添加"子"字后构成"孕"字。

　　　表现二人并立之形的字是"竝"，表现二人朝向前方的姿态的字是"从"，朝向后方的字是"比"。表现二人相背的字是"北"，三人于邑中相聚的字是"众（眾）"。"邑"字上部的"口"指邑之区域，下部的"巴"为人的安居之形。"卬"为人的上下相争之形，从下向上相争的话叫作"仰"，从上向下的话叫作"抑"。从背后抱住某人的字是"色"，而在《诗经》中这个动作叫作"反覆"，由此可见表述方法的多样化。

　　　女部的字也以形声字居多，而与形声无关的字大概就是会意字。"奴"字指代女奴，其立意方式和表示俘虏奴隶的"	"孚"相同。"姬"指代乳房很大的女子，有已经成年的意思。"妻"表现的是婚礼仪式上盛装的妇人的形态，"妇（婦）"字指代用束茅（帚）来清扫庙所的妇人形态，这说明当时在宗庙的祭祀活动中可以役使妇人。"委"字指

◎ 身
◎ 殷
⊙ 孕
⊙ 从
◎
⊙ 比
⊙ 北
◎
◎ 奴
⊙ 姬
◎
◎ 妻

代的可能是在祈年的祭祀仪式上，扮演谷灵翩翩起舞的少女。同样，扮演谷灵的男性叫作"年"。这些扮演谷灵（稻魂）的男女的舞蹈，其实是象征着农耕仪式的田舞。

"妾"字描画的是女子的额头上有"辛"，即刺墨所用的针的形态，用来指代作为奴隶的女子。最初这些女子是上供给神明的牺牲，入墨一般认为是一种圣记号。同样情况的奴隶男子称作"童"，表现的是在眼睛上方刺上墨色印迹的形态，字形下部的"东（東）"是它的声符。向神供奉的牺牲叫作"臣"，"臣"描画的是巨大的眼睛之形，大概是因为这些牺牲都要被弄伤一只眼睛。在"目"字旁边加上"手"的话构成"臤"字，是"贤"字的初文。因为古代的贤者有很多是奴隶出身。"竖"字也从"臤"，指代近侍的奴隶。

"大"字表现的是人正面站立的形态。"夫"字表现的是头部插着结发所用的簪笄的人。其实，"夫妻"二字描画的是婚礼上一对新人的形象。"人"的下方加上"火"构成"赤"字，这或许指代使人神圣化的方法。"奚"字的上半部一般认为是辫发的形状。辫发是古代西北地区民族流行的发式，生活在

妇（婦） ⊙
◎

年 ⊙
◎

妾 ◎
⊙

臣 ⊙
◎

臤 ◎

这个地区的羌族也有辫发的风俗，从甲骨文所记的"羌"的字形中可以看出这一点。"夷"字，一般认为指代使用大弓的部族，其字形中也有大弓的形状。其实这个字的初文是"尸"，但是，它并不指代死者，而是用来表现弯下腰蹲踞着的身形。日本的古代风俗大概和中国沿海诸部族的风俗，比较接近。

⊙ 夫

◎

⊙ 赤

◎

奚

⊙ 羌

◎

◎ 夷

46　奇异姿态的歌舞者

吴（吳）◎

矢 ◎

◎

虞 ◎

　　有种观点认为，"吴（吳）"字表现的是头部歪着的人即"矢"大声呼喊的形态，但从"惧""娱"的字义来看，更有可能表示与快乐相关。此外还有像"误"这样的字，说明"吴（吳）"字还有让对方按照自己的想法进行思考的意思。《诗经·邶风·简兮》篇歌唱的是殷商遗民受到周王朝统治者的召见并进献"万舞"的情景，诗云："硕人（美男子）俣俣，公庭万舞"。"俣俣"用来形容舞者从容的舞姿。这个舞蹈可能是头部倾斜着表演的。"虞"字指戴着虎头表演的舞蹈，大概与今天的舞狮类似。"吴"字中的"ㅂ"自不待言，指的是向神明祈祷。祈祷时可能跳"神乐舞"，即将祝告文挂在杨桐树的枝条上，然后进行舞蹈。太平盛世时期的神乐舞，是人神共乐的舞蹈。舞者可能都是年轻的舞女。当这类古代的神事逐渐被废止之后，这些舞蹈就会演化成游艺活动，当然也有可能沦为邪教活动。以这些形体素构成的"吴（吴）"字，大概就是在这样的大背景下出现的。

年轻的女子，不需要采用任何外在修饰都魅力四射，让人有妖艳之感。将舞女的舞姿称作"妖"，大概是因为巫术大多具有邪道性质。"夭"的含义是年幼即死，但也用来表示柔软的姿态。正如"若"字指代年轻的萨满一样，"妖"字用以指代年龄不大的舞女。人们认为她们的舞蹈会招致"祅"（灾祸），将她们的话语称作"訞"，意思是具有欺骗性的花言巧语。"若"指代的是领受神的托言的巫女，而"妖"指代的则是施行媚蛊等邪教活动的邪教之徒。

关于"笑"的字形，有些说法很可笑。一种说法是，人笑的姿态很像竹子随风飘动的形态；还有一种说法是，将狗关进竹笼里，其惊慌失措的样子很可笑，当然，这些都是俗说。其实，"笑"的本字是"媄"。字形中"妖"字之上的草字头，与"若"字初文的草字头含义相同。"媄"的上部是草字头，而"笑"的上部是竹字头，这种变化是在后世将文字改写为笔记体时产生的。所谓的"笔记体"，指的是从秦汉之际的隶书开始，汉字逐渐线条化，其后果之一是文字的字形越来越偏离造字时字体的体义。《汉书》曾使用"咲"和"关"来指代"笑"，这两个字可能本来是"笑"的古字体。《说文》中没有"笑"字，提出所谓人笑的姿态似竹子随风飘动之形的说法的是唐代李阳冰，他曾妄自改订《说文》，在其中加入自己的臆说。

说起"笑"，就日本来说，首先让人想到的是天钿女的窟屋户之舞。日神隐藏于窟屋之中，天地之间一片黑暗，这时，钿女将香山的真贤木连根拔起，在真贤木的树枝上挂上各种各样的咒物，一只手拿着手草，一只手拿着挂有铎的矛，张开双臂，踏响誓槽而舞。《古语拾遗》将这个舞蹈看作是俳优（演员）应有的技能。其实，指代以逗人发笑为主的"俳"的行为和"笑"较为近似，而"优"字指代的是使人叹息的技能。由此可知，"俳优"的原义与悲喜剧一类的词语最为接近。

47 文字系列

　　包含同一限定符的字大致都属于同一文字系列，但是限定符本身只用来标示文字所属的范畴，并不涉及对字义的系列化。字义的系列化，是在对作为形体素的意符进行探寻的基础上逐渐出现的。而只有在字义系列化的基础上，字形论、意义论、语汇论等研究的开展才成为可能。

　　古文字中最为庞大的文字系列，是以"廿"为基本形体素的文字系列，很多的文字系列都是这个系列中分化出来的。前文已经谈到，"曰""言""音"等字都从属于这个系列。此外还有"古""吉""舍""吾"，以及其他的文字，一同组成了以"廿"为形体素的文字系列。这个系列的字，大概有数百个之多。如果不清楚"廿"的原义，那么就很难对这个系列所有字的字义有准确的理解。"廿"为祝告之器说，我在《载书关系字说》(《甲骨金文学论丛》第二集，1960年刊) 一书中首次进行了系统论证。另外，在《甲骨金文学论丛》所收的《释文》《释师》等文章中，我也分别谈到了形体素的系列性理解等问题。我认为这不仅是古文字的研究方法，而且是在思考汉字相关问题时必须具备的基础性知识。一旦对文字有了整体性的认识，那么就有可能避免四分五裂地改变汉字字体的情况发生了。

关于文字系列，前文已经谈到不少的例证，包括"才"系列 (乙－14)、"余"系列 (乙－18)、"方"系列 (丙－24)、"自"系列 (丙－28)、"力"系列 (丙－30)、"至"系列 (丁－36)，"莫"系列 (丁－39)、"真"系列 (丁－40)、"夭"(戊－46)系列等。现在还可以再谈两例。

口舌的"舌"和死活的"活"，很容易看出它们属于不同的音系。舌部之字有"舐""甜"等字。死活之"活"的右偏旁原来写作"昏"，意思是用曲刀来刮"廿"。与"割"字一样，通过对"廿"的破坏来解除它的咒能。"乱""辞"等字是经过简化省略的字，字形的左半部虽然与"舌"相同，但字义上与之无关，是其他字形的略写。

活

"次"字表现的是大口喘气的姿态。"咨""恣""谘"等都是继承了它的发音和意义的字，但"盗"字不同。"盗"字的上部和"羨"字下部的字形相同，"羨"字指代的是祭祀之后剩下的肉，但并不能由此推说"盗"指的是盗窃皿中所剩之肉的小偷。其实，"盗"指的是盗国之人。现在字形中的"皿"，本来写作"血"，指代同族者之间的血盟。向族盟之器泼水，谩骂并玷污盟约的行为称作"盗"，为盗者当然是指氏族的叛离者。但是从"盗"的字形中已经看不出这一点了。为盗者背弃了依据诅盟建立起的共同体，成了自由行动的反体制者。春秋末年闻名于世的大盗"盗跖"，其部下有数千人，横行于天下，成为各个诸侯国的威胁。《诗经》中所见的盗，都是这一类型的谋叛者。

这些为盗者出现于古代氏族社会的崩坏期，是当时的社会体制的叛离者。《左传》中所见的盗，大概都属于各种暗杀集团。"盗"字演变为现在的字形之后，为盗者就转化为向着厨房中盘子（皿）里面的残羹冷炙长吁短叹的可怜的小盗贼了吧。"盗"字字形的变化牵涉的并不是"皿"字上是否有一个小点的问题。

◎ 盗

48 形体素

表音文字包含有音素，与之类似，可以将表意文字的表意部分称作"形体素"。包含同一形体素的文字有时可以构成同一音系的文字系列，但有时形体素又未必与文字的发音有关。

番 ◎

解释的"释"字在日语中现在写作"釈"，根据这个写法难以看出它的本义。佛教典籍中"释迦"有时写作"尺迦"，"釈"字大概由此发展而来，是一个略字。"释"本来指代的是被猛兽的爪子撕裂了的野兽的尸体。野兽的脚掌叫作"番"，后写作"蹯"，熊掌是一例，被认为是人间的美味。除了指代兽掌之外，"番"还可以指代兽爪。"睪"指代兽尸。表示获得兽尸的字是"择（擇）"。"睪"字的上半部指代兽头，下半部指代兽的肢体，从字形看整个野兽已经被"释（釋）"解了。"殬""斁"都是形容

兽尸状态的字。表示"释（釋）"这个含义的字是"绎
（繹）"，演绎的意思。按照演绎的步骤在每两个相
邻的事物之间逐步传递，表现这个意思的字是"驿
（驛）"。通过话语来进行这种传递称作"译（譯）"。
在传递过程中对所有相邻的事物加以选择，叫作"择
（擇）"。

◎ 择
（擇）

　　从"睪"的文字，其音系分属于三个系列，其
一为"译（譯）""绎（繹）""驿（驛）"系列，其
二为"择（擇）""泽（澤）""铎（鐸）"、"斁"系
列，其三为"释（釋）"系列。但在上古时期，这
三个系列文字的发音大概都是相同的。"睪"的声
母为喻母，从属于喉头音"i"，属同一声母的还有
"甬""易""延""也""台""俞"等字，但以这些
字为形体素的文字还包含了一些"t"系的字，这就
说明上古音中，声母为喻母的字，其音头中曾经含
有"t"音。从"睪"之字，除去"泽（澤）""铎
（鐸）"等声义关系尚不明确的文字之外，其他的字
既以"睪"作为其表意的形体素，同时还继承了它
的发音，这种现象叫作"亦声"。

　　谈到"亦声"的时候，需要注意文字的略字体
的使用。比如，"尺"最初可以用来表示"释"的发音，

现在的"訳""择"等字，其实就是略字和变写。"佛"字是音译文字，它的俗字是"仏"。这个字影响了"拂"的书写，"拂"的俗字写作"払"。但是，同样从"弗"的"沸"字却不能这样写，这让人觉得有点儿不可思议。

以一个形体素为中心，可以派生出很多字。"皀"指代的是青铜器中的盛食用器"簋"。"簋"字表现的是用勺子来舀取器中食物的形象。表现在"皀"上方加上覆盖物形象的字是"亯"，表现加上盖子之后的形象的字是"食"。表现就位于簋前之席的字是"即"。若将"皀"放置于中间，两边分别有两人对坐，就构成了"卿"字。所谓"公卿"，指的其实是在宫廷的飨宴仪礼上对坐的两边席位上的贵族高官。这样的宴席叫作"飨"。"卿""乡（鄉）"本为

簋 ◎

即 ⊙

◎

乡 ⊙
（鄉）

图-17 **簋** 盛食用器

164

同一个字，后来"卿"字用于公卿的含义之中，而"乡（鄉）"字用于"飨（饗）"字之中。"飨（饗）"字字形中除了"乡（鄉）"之外，还加有"食"，字义重复，是所谓的重复字。同样，"乡（鄉）"字已有对坐的含义，所以包含了"向"的"嚮"字也是重复字。

表示饮食活动完成了的字是"既"。其中的"旡"表现的是头扭过去已经完全餍足（满足）的状态。表现吃完之后喝水的字是"溉"，表现长长地吁气休息的字是"嘅"。"嘅"字还可以在表示慨叹的时候使用，其字形大概可以表现出慨叹的姿态。"即""卿""既"等字是根据与"皀"相关的行为派生出来的，而"乡""既"等又可以视为是通过"皀"的音系派生出来的字。

⊙ 既

◎

49 同形异字

在依据自身所代表的形象来使用的时候，文字是没有所谓的"同形异字"之说的，这是因为无论多么细小的差别，都可以在文字的笔画及其走势上反映。但是，当文字线条化，并依据特定的构造法进行统一之后，有些原来存在的差别就消失了。如果形体素相同，但发音和意义都有很大的差别，那么就是所谓的"同形异字"了。

"口"有三个含义，从"口"之字涵盖了三个文字系列。即口耳之"口"系列，指代祝告之器的"Ｈ"系列，以及表示一定区域的"囗"系列。口耳之"口"的相关字例不见于甲骨文和金文，只在"舌"字以及包含"舌"的文字中体现了这个意思。卜辞中有卜问舌病的例证，其中与舌头相关的字形可以看作口舌形状的表现，但更像是蛇舌的形状。

关于指代祝告之器的"廿"，前文已经多次阐述。古代祭祀仪礼的主要部分是对神明的祝告，因此在古文字中这个字形自然占据了压倒性的多数地位。

"口"表示区域。人们所居之处叫作"邑"，对"邑"的"征"伐叫作"正"，即将依据征服而获得的统治正当化的意思。聚集于"邑"的人叫作"众（眾）"，后来"众（眾）"字字形的上部演变为"目"，这是古代十分少见的一个字形改变的例子。如果这个"目"具有和"臣"字相同的含义的话，应当理解为"为神所役使之人"的意思。据此，则众人进行的耕作当指为神田而进行的耕作，这也许是"众（眾）人"最本初的性质。其实，古代与奴隶相关的事物，从起源上讲都与神事息息相关。

"国（國）"字从"或"，"或"是"国"的初文。"或"的意思是用戈来防卫所居之邑，后来在外侧添加了"囗"，可以看作是城墙。现在的"国"，在"囗"加入"玉"。为什么不加入"王"字呢？可能是顾虑到主权在民的宪法规定，或是因为不论"玉"还是"王"都没有太大的区别。若是这样的话，还不

◎ 邑

◎

◎ 征

◎

◎ 正

◎

◎ 众（眾）

◎ 或

如从日本将棋棋子的角度来思考日本国字问题。[1]

俗 ◎ 俗

包含"谷"的字有"容""欲""浴""俗""却（卻）"等，它们分属于不同的音系，最初的写法也未必一致。金文中，"容"的意思是仿佛有人在庙中显现，以作为对祈祷"廿"的回应。或者是指享受祭祀之人的影像浮现。"颂"指代庙歌，"讼"指代向祖灵的诉说，这两个字都从"公"，"公"字是宫廷平面化之后的形象。

"欲""浴"与"容"属于同一文字系列，其字形中的"谷"由"廿"与其左右上方各有的两个斜点组成，指代神气显现之状。"欲"的意思是向着显现的神气祈祷、倾诉，"浴"的意思是沐浴身体，以领受神气，大约与"洗礼"相当。这种与神交接的仪礼日常化之后的状态叫作"俗"。金文中的"欲"字曾用到所说的这个意思。这几个字与溪谷的"谷"字完全没有关系。

"卻"也写作"却"，"去"有败诉之后被迫退去的意思。山谷的"谷"字，指代在谷口所举行的祭祀的地点，这个字属于其他系列。

---

[1] 日本将棋中类似中国象棋中的"将""帅"称为"玉将"。——译注

50　省略与重复

随着字义的分化，字形也会发生变化。其中有
些文字，在不改变字形原意的范围内进行了省略和
简化，这种省略在卜辞和金文的时代就已经出现了。
比如，指代受灵仪式的"保"字，其字形必须包括
婴儿头上的"玉"以及下方衣襟处的"衣"，但常
常会省略"玉"字。表示赐予的"易"字的字形含
义一直以来都不清楚，不过近年来上海博物馆收集
的青铜器"德鼎"的铭文中出现了这个字的全形，
由此可以得知"易"表现的是赐酒的形态。而此前
所见的所有金文中，这个字都以省略后的字形出现。
文字在形成之初，都已经包含了后来出现的省略体
的字形。刚刚形成的文字，表现的是高度抽象化了
的事物，因此，在对字形进行解释时，困难之处就
在于如何从已经抽象了的表象之中来把握其指代的

⊙ 赐

◎

灋 ◎

去 ⊙

实体。对"凵""自""阜"等的研究都反映了这个情况。

　　字形的省略，有时会导致字形所反映的意思不够明确。"法"字的初文是"灋"。在古代，人们使用一种叫作"獬廌"的羊为神判，败诉者要和羊一起被投放于水中，表现这种古代司法的字就是"灋"。"去"字从"大"从"厶"，"大"指代败诉者，"厶"是将"凵"的盖子打破丢弃的意思。作为败诉者，他在神判之时进行的自我诅盟不可信，称作"伪（僞）"，是玷污神明的，因此需要被祛除。"灋"字

图-18　**德鼎铭** "赐"的字形

170

包含了其所表达的所有含义要素，甚至连表现用皮袋包裹獬廌进行丢弃这个形态的字都包括了。进行包裹的皮袋叫作"鸱夷"，曾辅佐越王勾践的谋臣范蠡在逃亡途中，化名鸱夷子皮，就表现了进行自我放逐的意思。现在的"法"字，已经看不到古代羊神判的痕迹了。

重复之字也有不少，比如，"舞"字由其初文"无（無）"加上"舛"构成；表示烤烧犬肉以祀天神的"然"字，又加上一个限定符"火"构成了"燃"；表示剪掉指甲的"前"字再加上"刀"构成了"剪"字，等等。因为"无（無）""然""前"等字失去了本来的意义，所以添加重复的形体素构成新字来指代其本义。

重复的"重"本来是用来指代重量的，而表示"重复"这个含义的原是"緟"字。其字形在金文中写作"䍐"。"䍐"表现的是在丝线的桄子上下各有一只手的形态。右下角的"田"指代盛放染色所用染料的锅。"蓄"字表现的就是在染色锅里面浸泡丝束的形态。"䍐"的意思是将丝束放入锅中浸泡染色，或是一两人，或是三五人，用手按压丝束，以加深其着色，这样就产生了"重复"的意思。"重复"即"䍐复"，又写作"緟复"。"緟"是"䍐"的略体

◎ 䍐

◎ 蓄

字，再作省略的话就会成为"重"字。但是在周代还没有省略为"重"，因此当时的"重"还没有重复的意思。《周礼·冬官》称染色之官为"钟（鍾）氏"，其实"钟（鍾）"是"䰙"之误，西周时期这个官职是不会略写为"钟（鍾）"的，由此可以看出《周礼》所记述的内容并不是依据西周时期的传承而写。从字形学的角度也可以开辟出一条古文献的研究和批判之路。

己　字音与字义

51 关于音素

从文字构造上来讲，字形中表示发音的部分称作"音素"，与表示字义的形体素对立存在。汉字本来就不是表音文字，汉字的表音功能在假借和形声字中首次显现。但不论假借字还是形声字，自身都不能表音，其字音完全是对象形字和会意字的借用而已。严格地说，假借字和形声字的发音根据类推原则产生，因此其表音部分不应该称作"音素"，而应称作"归纳音"。

作为代词使用的"我"是锯子的象形字，表示斩杀牺牲的"义（義）"字中还残留有这个字形和含义。"我"这个字音，可以确认是俄、娥、峨、蛾、饿、鹅等字的归纳音，据此，从音韵史的角度能够得知，"义（義）"字古代与"我"字同音。否定副词"不"的发音，现在与同属一个系统的"丕""否"

等字未必是同音同声的，但在西周金文中，不、丕、否三字相互通用，所以一般认为它们在上古时期是同音字。

在研究古汉字的发音时，首先要面对的问题是，只有通过对包含某个相同音素的多个汉字字音的归纳，才能分析出这个音素的发音。而在进行字音归纳的时候，也要求必须具备有关字形的正确知识。比如，谷、容、裕、欲、俗、却（卻）等字中都包含"谷"，若据此将它们作为形、义相同之字进行归纳的话，就不可能得出正确的结论，因为这几个字分属于不同的文字系列。要想辨明字音，必须要首先分析辨别字形，并弄清楚字的形义。

另外，即使已经认识清楚了字形的构成，还必须辨明某个部分是声符还是意符，也就是究竟是音素还是形体素。"彡"指代的是美丽的、闪耀的光辉。包含"彡"的字有形、彤、彦、修、彫、彰、影、彩、彬等，但其中没有一个字是从"彡"声的。"彡"是以所谓状态性的附加要素被添加到字形中的，虽然是文字的一个形体素，但本身并没有独立性。在字书中，"参"被认为是从"彡"声之字，认为这个字的字形中只有"彡"用来表音，其实这是错误的看

176

法。"参"字的立意与"齐（齊）"字相同，指代妇人头上的发饰。"齐（齊）"表现的是将带有玉的簪头并排插入头发之中的形态，而"参"字表现的是左右两边两个簪头倾斜插入、中间的簪头垂直插入头发的形态，二者都是表现簪饰的字。"参"的读音最初应该和"簪"字接近。而当"参"字有了"三"的含义，并作为"三"字使用时，其发音也许变得和"三"比较接近。天空中闪耀的星座有一个名为"参"（shēn），三匹马牵引的马车叫作"骖"（cān）。孔子的门生曾参字子舆，但一般读作曾参（shēn），其实他的名字"参"是"骖"的略写，正因为"骖"和"舆"字在意义上有关联，所以才在名和字中分别使用。《诗经·鲁颂·閟宫》中有"参寿"（长寿）一词，西周金文"宗周钟"中写作"三寿"。

◎ 齐

◎ 参

形义接近的字，其发音有时也有相近的关系。"霸"字是"霸"的初文，指代被雨水淋湿后褪色变白了的兽皮，"暴"指代日光曝晒后变白了的兽皮；二者都有"白"的意思，其发音的音头也都是较为近似的唇音，分别为 p、b。

52　音的系列

　　每个音素都具有特定的发音和意义，它和限定符一起可以构成形声字。从音系来看，形声字的发音最为稳定；从文字发展来看，形声字是汉字中发展最为完善的一类。

　　民国初年的刘师培，年轻的时候就出任北京大学的教授，编纂过多部新教科书，其中的《中国文学教科书》第一册涉及文字学。刘氏列举了不少有关音系的例子，所罗列的作为声符的文字包括：工、可、中、蒙、句、介、享、單、者、廷、巠、申、侖、戔、䜌、音、兼、賈、需、愈、寺等，并且尝试分析了这些字的基本含义及使用规定。例如，以"句"为声符的枸、拘、苟、鉤、劬五个字都有"句曲"（弯曲相连）之义，以"巠"为声符的茎（莖）、胫（脛）、颈（頸）、劲（勁）、轻（輕）等八个字都有"则字"（基本）之义，从"䜌"声的变（變）、栾（欒）、弯（彎）、三字都有"更"（变更）、"屈"（弯曲）之义，从"愈"声的逾、喻、愈三字都有"过度"之义。

只有明晰这些作为声符音素的文字的发音、意义和使用规定，才能完全了解包含这些音素的汉字的字形和字义，而通过对同一音系文字的分析又可为音素的相关解释提供证据支持。"句"的基本义为什么是"句曲"呢？"句"表示的是屈尸葬的形态，而"局"表示的是这种葬制中屈尸最为弯曲的形态，从这两个字的含义中，"句曲"之义首次得到了确认。在佝、耇（驼背）等表示人体形态的字中，"句曲"之义得到了演绎，并在其他的文字中有所反映。

经纬的"经（經）"，本义是丝织物上面纵向分布的丝线，其本字为"巠"，表现的是用织机编织纵向丝线的形态，亦即编织过程中垂直下坠的机轴的形态。机轴本用于织机，但在这个基本义之外有所演绎，就人体而言，演绎出颈（頸）、胫（脛）等字，其他的还有茎（莖）、轻（輕）等字。

关于"䜌"声之字，刘氏列举了"变（變）"等三个字例，从"变（變）"字推导出变更之义，从"弯（彎）"字推导出弯屈之义，但这两个字并不属于同

◎ 巠

◎ 经（經）

◎ 䜌

一系列，没有形成声、义的一致性。"䜌"的意思是自我诅盟，在"言"的左右各加上一个丝饰，这些丝饰具有巫术性质，类似的还有"几（幾）"字中出现的丝饰，叫作"玑（璣）组"。这些大概都是用于加强"言"的咒能的物品。"变"字字形由上部的"䜌"和下部表示击打的"攴"构成，指代一种变更诅咒效用的巫术行为。"更"的字形也是由上部丙形的巫术器具和下部的"攴"构成，也用以表示变更咒能的行为。这两个字都是通过在某种巫术器具之外附加"攴"来体现其具体含义，都是会意字。"栾（欒）"和"弯（彎）"的字音也有差异，因此不能认为它们是同一音系的字，也很难认定它们是形声字。在金文中，"䜌"字曾用作蛮夏（蛮夷与华夏）的"蛮（蠻）"字，"蛮（蠻）"字字形中的"虫"是人们认为四夷皆等同于兽类而添加上去的。两汉王朝赐予倭奴国王和滇王的金印叫作"蛇纽印"，因为金印的抓手是蛇形的，这也是当时民族意识的反映。

关于"俞"字，前文已有详述，意思是用手术刀将脓血和患处切除，并移放入盘中。愈、愉、瘉等字都属于"俞"字系列，而逾、踰、输等字也和切除某物并移放他处的意思相关。因此，就像这几个字一样，只要某个字和其他属于同一系列的字在声、义上一直有紧密的关系，即使字形中添加了其他要素，比如限定符之类，仍然可以将这个字看作是亦声之字。

53 关于亦声

具有形声关系的文字包含了作为声符使用的部分，从这个部分中可以抽象出一般性的意义和概念，而这个概念同样也适用于同一系列的其他文字，比如"弪"本来用于指代织机上纵向的丝线，但后来偏离了这个非常具体的意思，经过抽象化之后，可以指代物体中垂直的并能支撑自身的部分，这就是所谓的"亦声"。"茎（莖）"指代支撑花萼的部分，"径（徑）"指代直线形的近路，这两个字的意思都不是对经纬之"经（經）"本义的继承，而是在对它的本义进行一般概念性的演绎之后产生的。由此看来，这两个字都不是会意字，但其字形中的"弪"也不是单单作为声符存在的，也有表意的作用。所以，如果形声字的声符包含了某种一般性的意义，并对字义有影响，这种现象叫作"亦声"。

从"韦（韋）"之字分为两个系列，其一是皮韦（鞣革）之"韦"系列，为象形字；其二是韦违之"韦"系列，有包围、围绕着"口"(邑)的含义。"纬（緯）""违（違）""卫（衛）"三字属于第二个系列，是亦声字；而"伟（偉）""苇（葦）"二字的意思与"韦（韋）"无关，是形声字。"巽"字表现的是二人并排在神明面前起舞的形态，用以指代供奉于神明的物品。"僎""选（選）"二字指代他们的舞姿，"馔"字指代供荐于神明的物品，所以这几个字都与神事活动相关，也都是亦声字。"周"字表现的是方形的盾牌（干）上面布满了密集的纹样，有时还会在字形中添加祝告用器"Ħ"。包含"周"的文字分为三类，"彫""画（畫）"为会意字，"啁""稠""绸""週""调"等字为亦声字，这两类字都包含了纹样密集这个意思，而"凋""惆"二字是形声字，与"周"的本义没有关联。"凋"字字形与凋落了的树叶的纹样，以及冻结了的冰的形态类似，而"惆"字大概是"凋"字在心理上的反映。像这样辨别会意、亦声、形声三类文字，需对字的初形初义有深入了解，否则是难以进行的。以"周"为声符的字，几乎都被认为是形声字，其实，很多情况下是因为形声字与其声

⊙ 韦（韋）

⊙ 卫（衛）

◎

⊙ 巽

⊙ 周

◎

◎ 画（畫）

183

符存在亦声关系，即声、义上有关联，所以才被选作声符的，并不是随意地使用某个字来做声符的。此外，由于鸟兽草木之类事物各不相同，不可能用它们的共通义来命名，因此其字形中很少会用到具有特定意涵的声符。

其 ◎

经常作为声符使用的文字，其共通义有时也难以辨明。例如表示簸箕的象形字"其"，以之为声符的字非常多，包括"基""期""碁""欺""琪""旗""綦""琪""麒"等，《说文》中有 21 个字之多，但从这些字中几乎没有发现可以作为共通义的意涵。

帝 ⊙

"帝"字本为祭祀神明的祭桌的象形，后来以祭桌来指代祭祀的对象，所以也称神明为"帝"，称祭祀神明的仪式为"禘"。"禘"是询问神意、审谛的意思，是一个亦声字。但是，当"帝"用于"揥""缔""蹄"等字时，虽然它们有缔结之义，但已经偏离了"帝"的本义，所以应该归属于形声字的范畴，而非亦声字。

在中国，若依据北京话进行统计，汉字的字音数为 411 个，若按照声调再做区分，就是 1344 个。依据清代段玉裁在《说文解字注》中的整理，《说文》中被认为是声符的文字有 1521 个；若依据同为清人的苗夔《说文声读表》的统计，声符文字则多达1714 个。也就是说，《说文》的声符文字大约是现代汉语字音数的四倍。这也说明，几乎所有的非表音的象形、指事、会意等字，都被用作声符来构建表音文字。在汉字的使用和发展过程中出现了一些混乱现象，而造成混乱现象的罪魁祸首就是表音字，即所谓的形声字。

54 转注说

关于汉字的构造法，有"六书"之说，即象形、指事、会意、形声、转注、假借。一般认为前三者是表意性质的构造法，后三者是表音性质的构造法，但是，关于转注，自古以来都没有定说。《日本古典全集》本所收狩谷棭斋①的《转注说》一文，解题部分引用了与谢野宽②的《转注说大概》，与谢氏列举了数十家关于转注的说法，但是其中没有一个得到普遍性的认可。

关于转注，许慎在《说文解字叙》中谈道："建

---

① 狩谷棭斋（1775—1835），日本江户（今东京）人，学者，通晓儒学及日本国学，著有《笺注倭名类聚抄》《日本灵异记考证》《古京遗文》等。——译注
② 与谢野宽（1873—1935），号铁干，日本京都人，浪漫主义诗歌"明星派"的代表诗人，主要诗歌集有《紫》《东西南北》《天地玄黄》等。——译注

类一首，同意相受"。这个规定，如果理解为"包含同一形体素的字依据其发音和意义上的关系而构成同一字系"的话，那么前面谈到的亦声字与之较为相合。但难以解释的问题是，《说文解字叙》列举转注的字例云："考老，是也"，而考、老二字字音不同，因此有些观点认为这四个字是后人附加上去的。从文字的构成上来看，有以左偏旁为中心的部首字系，同样，也有以右偏旁为中心的亦声字系列，这二者在字形学上的构造原理是一致的。

上文列举了两三个关于亦声字的字例，这样的例子还有很多。"仑（侖）"字表现的是围起来的栅栏形状，意思是将相互对立的事物统一起来并建构秩序。"伦""沦""纶""轮"等字都有相对立事物之间的秩序的含义，而"论"字则指代相互之间的抗辩。"娄（婁）"表现的是女子头发高高地盘结起来的形态，有透过表面看到事物的内里，内里已较为式微混乱的意思。"楼""偻""窭""瘘""缕""蝼""髅"等字都继承了这个意思。

但是，具有相同声符的文字，并不一定都有亦声关系。"曾"是"甑"的初文，指代一种蒸器，因

◎ 仑（侖）

◎ 娄（婁）

◎ 曾

187

此有"重复"的意思。"层""增"等字继承了这个含义。但是，同样以"曾"为声符的僧、憎、噌、矰（系有绳子的箭矢）、赠等字却未必继承了这个意思，也就是说，这些文字在选取声符之字时有很强的任意性。

声符文字选择的随意性，在拟声词，即将某种状况声音化的象声词中较为常见。例如，将"逍遥"写作"招摇"，将"相羊"写作"襄羊""尚羊"等，都是将同一个话语用不同的文字转写出来，因此，在将话语写下来时，对文字的选择较为任意，有同音字交替出现的现象。

"煮"字现在读为烹煮之"煮"。其字形上部的"者"其实是"书"的初文，在"者"字之上添加"聿"（笔）之后就形成了"书"字。按此，则"煮"的意思是把"者"（书）放到火上进行烹煮，这显然是讲不通的。究其原因，是因为"者"和"庶"字的古音相同，所以"者"字之下添加了"火"之后，就有了煮沸的含义。古文中，"庶"和"诸"，"遮"和"堵"意义相通，由此可知"者""庶"二字可以交替使用。"庶"的本义是"庶羞"（奉献给神的供品），但这个含义很早就消失了，西周金文已经出现了"庶人""庶

庶 ◎

民""庶士"等词语，在《孟子》中则有"庶几"（希望）一词了。这些都是假借的用法。因此必须注意，文字的发音、意义系列化之后，有时会出现文字之间这样交替使用的现象。

55 形声字与字音

　　包含同一声素的形声字，其发音也应当是一致
的。可是，包含同一声符的字发音有时候有差异，
其原因在于声符所具有的音值不同。但是，如果所
有包含同一声符的文字都是形声字，但这些文字的
发音又分属于不同的音系，且不同音系也有自身的
规律性，那么，这种现象的出现可能就与古代的音
韵问题相关了。下面来看几个例子。

声符	汉　字
各	客格恪　絡洛落酪　略　路賂輅
京	景剠勍黥鯨　涼諒掠
柬	揀諫　闌　練煉
兼	溓謙歉　嗛　廉賺簾
監	艦鑑　濫藍

　　以上所列的声符文字，按照声母不同，分

为 k 系音和 l 系音，这是根据瑞典汉学家高本汉（Karlgren）的观点得出的，他认为声母来源于辅音群，由辅音的分化形成。

声母音分化的现象，在声母中带有元音的喉头音中也能看得到。喉头音包括 i、i̯ 两种，其中就有向子音转化的现象。

声符	汉　字	声符	汉　字
也	他　池地驰	台	怡詒貽　怠苔殆　治笞
炎	琰剡　淡啖談痰毯	易	蜴　剔惕逷　錫
匀	筍韵　均鈞	員	隕殞韻　塤勛
于	宇迂紆　吁盱訏	延	涎筵挺蜓　誕
爰	援猨媛　煖　諼緩	夒	優懮擾　擾

要想复原古音，需要从形声字的音系以及押韵研究中寻求音韵变化的规律，这项工作对于本来就欠缺表音方法的汉字来说是极为困难的。自从高本汉发古音研究之端绪后，中国和日本的学者对这项研究都有推进，比如对"斤"与"旂"，"军"与"辉"，"难"与"傩"，"番"与"蟠"等字中出现的 n 音脱落的过程，对"峷"与"揣""瑞"等形式的出现等问题都有研究，并力求弄清其中的规律，但问题依然极多。汉字作为日本国字，对于其汉、吴晋以前的诸语音问题，这种知识性整理是非常必要的。

56 音义说

认为同一音系的词汇具有相同含义的语源说，也可以称为"音义说"。同一音系的词汇包含着相同概念的例证很多，比如在日语中，ヘミ（蛇的古语）、ヒモ（细绳）、ハモ（鱧、即鳗鱼）等词意思相近。但是，对汉语来说，单音节词汇的同音词特别多，因此不能随意地运用"音义说"。作为文字学著作，《说文》具备了优秀的体系，但是它在解释文字的时候，多次用到"音义说"，这成了它最大的缺陷。究其原因，是因为在《说文》成书的时代，天人相互关联的自然观流行，以此为基础形成的语言观，在思考文字的意思时，自然而然地将文字的音和义结合起来考虑，并从中寻求文字的体系，可以说这种思想有着追求朴素的语源学兴趣的倾向。

《说文》中，以同音字来训读文字的例子很多。

如，"日，实也"（《说文·七上》），"月，阙也"（《说文·七上》），用语源说来解释字义，太阳通常都是实的，不会出现盈亏的现象，而月亮则是盈亏往复地循环着，因此分别用"实"和"欠"来给"日"和"月"命名。又如，"天，颠也"（《说文·一上》），从"颠"的字形可知，"天"的意思是人的头部，这种解释也属于"音义说"，以人的头部指代自然界存在的最高层的事物。无论是存在还是现象，全都是通过人的认识和感觉来进行命名，这就是依据天人相互关联的自然观而形成的"语源说"。《说文》对字的训读中，很多依据的是文字间的读音关系，像日、月、天等字都是这样，有着共同声母的字，叫作"双声"，有着相同韵部的字，叫作**叠韵**，以双声叠韵关系来训读文字的例子非常多。除了喉音i、į之外，头音几乎都是辅音，即声母，尾音也称为"韵"，指元音之后的音节。"旁，溥也。"（《说文·一上》）"旁""溥"二字双声，同时都有"普遍、广博"之义。"王，天下所归往也。"（《说文·一上》）这个解释是以西汉董仲舒的天地人三才说为基础的，而"往""王"二字叠韵。以双声、叠韵进行的训读，其前提其实就是以"音义说"为基础的"语源说"。

这种训读倾向，到了东汉时期，在刘熙的《释名》一书中有了进一步的发展。"日，实也。光明盛美也。""月，欠也。满则欠也。"这是对《说文》的演绎。"星，散也。列位布散也。""暑，煮也。热如煮物也。""雨，羽也。如鸟羽动则散也。""地者，底也。""土，吐也。吐生万物也。""山，产也。""霜，丧也。""室，实也。""城，盛也。"其中的一些字与其所训读的字之间的音义关系也未必完全切合。另外："人，仁也。""身，伸也。""骨，滑也。""髪，拔也。""眉，媚也。""目，默也。""口，空也。"这些与身体发肤相关的文字，所训读之字都是同音字和拟声字了。至于"目，默也"等训读，总觉得不像是字书应该采用的解释方式。

　　清末的刘师培也喜好这种解读方法，他认为"山"为三峰之山，"水""火"分别指代水流、火烧之声，羊、牛、雀、鹊、蛙等字均来源于其鸣叫之声，木、竹、铜、板、滴、击等字均来源于各自的敲击之声，是拟声字，"流"字来源于急水下注之音。刘师培的这些看法，应该是因深受章太炎的文字学的影响。

57 语群的构成

根据形体素系列和音素系列，可以尝试着对文字进行系统化的分析，但是，同音以及双声、叠韵文字之间可以通用的情况很常见，因此若要进行系统化分析，首先必须弄清楚这些文字之间的通用、假借关系。清代乾隆、嘉庆年间的王念孙、朱骏声等学者的研究中已经注意到了这个现象，而最为大胆地分析通用、假借关系，并将其应用于"语源说"之中的则是民国初年的章炳麟。他提出："道原穷流，为一形以衍数十，则能知其征。"由此可知，"语源说"当是他的独创。他在《文始》一书中，罗列了457条，来论证语群系统。下面来举例介绍其中一条的主旨。

《说文》："疋，足也。""大雅"之"雅"一曰疋，

记也。疋，声转为"迹"。仓颉见鸟兽之迹而作书，

故有记录之意。"疋"亦作"疏"。"雅"取乌乌之声，有雅颂之意，"疋"取记录之意。"疋（雅）"及"疏"均由颂告神明而来。"疋"与书契同，又有"刻"意，刻于窗者曰"疏窗"也。君门（皇宫之门）曰"琐"，乃借用"疏"之声义，汉世又或借"琐"为"疋"，记录之意也。"疏"之声变为"匠"，为"组"。"匠"者，刻画也；"组"者，组纽也。又可声变为"索"。疏通之器曰"梳"，有才知者曰"谞"。"疏"亦记作"阤"，"爽"其声变也。总而言之，本语群之基本义，疏通爽明者也。

——《文始·卷五》

　　章炳麟的这些论述，只能说是恃才强引之说，当时的国内外之人，都为他拘牵形体的论述所愚弄。在金文中，"疋"象足之形，有"胥"，即辅佐的意思。后世负责书记之事的人叫作"胥吏"。"大雅"之"雅"写作"疋"时，是"夏"的假借，而"夏"则用以指代乐曲名。"夏"的古文写作"頨"，"疋"是它的省略体。认为"疏""匠""组""索"是属于一系文字的看法也是非常武断的。而"爽"字，指代在死丧之礼中，将人的尸体圣化的一种文身法，

"爽""奭"二字，都用于形容文身之美。

　　章炳麟提出的"语源说"，包含"音变""音转"等内容，其所谓的"对转""旁转"等方法，使得音群之间的转移几乎可以没有限制，运用这种方法的后果，会导致单音节的汉语语音回归到只有数个音节。其实，不言自明的是，音韵的变化是有一定条件的，在研究语群的构成之时，不能采用这类随意进行音转、音变的方法。

　　关于文字发音关系的研究，必须采用的方法是，首先根据形体素的异同将文字的形和义系列化，并根据音素的异同将文字的声和义系列化，在此基础之上再确认文字间的通用关系。对于单音节语言来讲，还要特别注意，很多情况下同音之字分属于不同的意义系列，要讨论它们之间的关系，需要以字形学的研究为基础。章氏声称卜辞、金文都是伪作，拒绝这方面的学习研究，由此看来，章氏之学理所当然地有其局限之处。

58 单语家族

　　章氏的"语群说"破绽百出，但让人感到意外的是这个说法的追随者颇多，刘师培就是其中的一员。在日本，最先引介这一看法的是藤堂明保氏的《汉字语源辞典》，此书可以看作"语源说"在日本的代表作。这本书以高本汉的音韵研究为基础，对章氏的研究成果进行了重新编纂，但基本的方法仍然是与章氏无异的朴素的"语源说"。

　　这本书将这些语群命名为"单语家族"，设定了223个家族，并确定了每个语群家族的基本义。下面来介绍其中的数例。左为原文，右侧＊号的部分，是笔者所加的批注。

　　士、事、史三字的　　　　＊"士"字与"王""父"
基本义是"站立、竖立"。　　等字相同，是一种表示身份的

"士"字是关于男子性器官的象形字，"事"的意思是竖立旗帜，又有将物体插入地中的含义。"史"指代的是手中拿着装有竹札的竹筒以及手拿旗帜的形象。（一〇四页）

仪礼器物，像钺的刃部朝下的形态。若再添加上圣记号，就成为了"在"。"史""事"二字字形表现的都是将"ㅂ"置于神杆旁边，以祭祀神明。这几个字与"立"这个意思没有任何关系。

古、各、京三字的基本义是"坚固、笔直"。"古"字是枯烂了的头盖骨的象形，"各"的意思是被坚固的物体阻挡拖着脚前行。"客"的意思是被坚固的物体挂住了脚而停止前行。"京"和"高"字一样，都是高高的楼阁的象形。（三八五页）

＊"古"字和"吉""吾"等字一样，意思是在祝祷用器"ㅂ"之中放入圣器，以求神明的护佑。"各"指代听到召唤后降临的灵，"客"指代这个灵格（至）于庙中。"京"是凯旋之门的象形。这三个字从语源上看，其子音的构成也各不相同。

微、媚、文、民四字的基本义是"小、难以看清楚、微妙"。"散"字指代细小的发丝，"微"的意思是微行（隐身行走）。"媚"指代细小、细微之事，"文"为"纹"的原字，是一种改变物体声音的物品。"民"的意思是失明之人，用以指代无知的事物。（七三二页）

*"媚"是表示女巫的字，"微"字指代殴打长发巫女的巫术行为，其目的是削弱巫女的咒力。"文"即文身。"民"与"臣"一样，指代奉献给神明的奴隶。除了"微""媚"两个字同属一个系列之外，其他的都没有共同的基本义。

南 ⊙

殻 ⊙

壬、男、南等字的基本义是"进入某物的里面"。"壬"的意思是完全地进入，有"妊"之义。"男"字可指代入赘的女婿，也有进入的意思。"南"的字形是将植物围起来以保持温暖，后来演变出了"南"的意思。"南"字其实是谷仓的象形。（八〇四页）

*"壬"为堪任（锻造）之器。"男"指农地的管理者。"南"是南人所用铜鼓的象形，有些字形中如"殻"添加了敲击铜鼓的部分。

通过以上分析可知，每个语群无论是音系，还是关于文字构造的字形学解释，几乎都难以形成独立的体系。音义派所秉持的"语源说"，是单纯的毫无根据的说法。只要这些俗说盛行不衰，就不会有通往理解汉字的正确之路。

59 关于呜呼

汉字失去本义之后，仅仅因为发音相通而用于指代其他字的含义，这种现象叫作"假借"，这些字叫作"假借字"。若这些字仍使用其残留的本义，同时又用于假借，指代其他的含义，那么所指代的含义被称为"假借义"。一般认为，感叹词最初是拟声词，但"乌乎""呜呼""於"等词都用的是这些字的假借义。

"乌"是象形字，描画的是乌鸦不知为何而丧失生气的形态。它的身体无力低垂，似乎被某物击打过。认为乌鸦是孝鸟的观点，是后世才出现的，上古时期，人们认为这些黑色的、贪婪的，且肆无忌惮的乌鸦是恶鸟。《诗经·小雅·正月》歌曰："谁知乌之雌雄"。用乌鸦来比喻那些出了名的无赖之人。糟蹋作物的乌鸦，现在仍然经常在农田中出没。

乌（烏）

当时人们每到乌鸦活跃的季节，就杀死数只，挂在树枝或绳索上，以起到驱赶其他乌鸦的作用。金文所见之"乌"，无论怎么看其字形都像是将恶鸟乌鸦悬挂示众的形态。

"乎"象"鸣子板"之形。这种器具最初大概用于呼唤神灵，其作用近似用于敲打的梆子。之所以用"乌""乎"两个字组合形成感叹词"乌乎"，其原因是要借用这两个字的字音，后来又因为要添加表示咏叹语气的意思，又演变成了"呜呼"。由此可知，演变之后形成的"呜"的字形，并不是由于挂在树枝或绳索上的乌鸦发出了鸣叫之声。

《说文·四上》中"乌"字下所附该字的古文有两个，这两个字都非常奇怪。第一个古文描画的是四根羽毛，第二个古文《说文》认为是第一个的省形，但其字形颇近于"於"字。与第二个古文字形接近的字，见于周初康王二十三年的大盂鼎，用为感叹词"於"。如果将大盂鼎之"於"字与"乌"的第二个古文看作同一个字的话，那么这个字应是"乌"的异体字。金文中最先出现的词语是"乌虘"，其后的大盂鼎中出现了"於"字单独使用的例子，到了列国时代，在徐国的钟铭中出现了"於虘"二字。

⊙ 乎

◎

与"乌"字不同，"於"字所用的不是它的本义，表示"位于"这个意思时它是假借字。

"於"（表示位于的意思）字作介词，即前置词使用的现象，从金文来看，仅见于齐国器物的铭文。这种用法或许见于齐国的方言。作介词使用表示位于意思的字还有"于"，《左传》对"於"和"于"的用法有严密的区分，从未有混乱的情况出现，根据这一现象，高本汉对疑古学者所主张的《左传》伪作说进行了驳斥。正如日本的古代假名有甲乙两

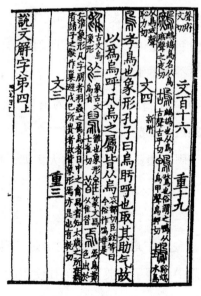

图-19 乌 古文於

类之分一样，人们必须承认"於""于"之间的重要区别。在齐国铜器金文中有这样两条语法结构相同的记载："用追孝於我皇叚"（陈贶），"台享台孝于大宗皇且皇妣"（陈逆铭）。前者用"於"，后者用"于"，这种情况可以视为音近之字的通用。《左传》中"於""于"二字的严格区分，应该是作者自身的用字习惯导致的，并不是因为这两个字原本有语法上的不同而严加分别。

60 拟 声 词

对于庭前草丛中昆虫的鸣叫声，西洋人将其当作物体的响声来听，日本人将其等同于语言，用心来倾听。我想其他亚洲人的倾听方式应该也和日本人一样。中文中有很多拟声词。这些拟声词中有一些可以支撑所谓的"音义说"，但仅限于表现物体大致状态的那部分词语。从金文来看，西周中期的钟铭中，有形容钟声的用语。

铭文中经常在拟声词后面添加连续的点，比如表示钟声的词语为"斄•龞•"。古人的唇音估计很强，与幼儿最初发出的声音类似。金文的"穆"字字形中也添加了类似连读点的符号，因此有人将周代的穆王读为"穆穆王"，这种观点不对，不应该将王号看作拟声词，这个符号并非连读点，而应该是"穆"字字形的一部分。"穆"是形容内心德行美好的字，除了"穆穆"之外，还有"穆如""穆焉"（性格深沉）等词，加上了"如""焉"等接尾字以表示某种状态。"穆"的读音来源于瓜果、谷物的果实成熟之后急剧爆裂的声音，因此又用以表示内心德行充实的状态。果实脱落之后，叫作"秃"。禾苗抽穗称"秀"，开花称"姿"，成熟称"穆"，脱落为"秃"。

扑打某物称"扑"。金文中，攻伐外敌称作"敤伐"。"敤"的意思是敲打一种称作"業"的用于版筑（建筑土质城墙）的大木板，"業"系的文字都有击打、匆忙地敲打的意思。"僕僕"用于形容匆忙的状态。金文中，"敤伐"也写作"戠伐"。"尃""缚"的初文，敲击装入橐（袋子）中的物体并将其强行束缚的意思。"穆""扑""缚"等唇音系列文字，都有将内里充实这一共通的语感。

最古老的字书《尔雅》集合了古代经传的注解，其中关于叠语之训的《释训第三》中收集的辞例中有这两例："战战、跄跄，动也。""悄悄、惨惨，愠也。"s、ts系列的读音中，具有寂寥感的词类颇多。

除了s、ts系列的读音之外，汉字中的"l"音也有哀怨忧思的感觉。《诗经·国风》部分，使用拟声词最多的诗篇是《陈风·月出》：

◎ 穆

◎ 敤

⊙ 尃

月出皎（明朗）兮，佼人（美人）僚（貌美）兮。
舒（娴雅）窈纠（文静）兮，劳心悄（沉思）兮。

月出皓（清亮）兮，佼人懰（高贵美丽）兮。
舒忧受（婳娜）兮，劳心慅（苦恼忧思）兮。

月出照（明亮）兮，佼人燎（光辉闪耀）兮。
舒夭绍（轻盈）兮，劳心惨（焦躁）兮。

　　这首诗穿插使用了很多双声、叠韵之字，音节平缓，又有迷人的声调，是一首月明之夜的舞蹈之歌。

庚

汉字的历程

61　甲骨文与金文

甲骨文始于商王武丁时期，终于商代末期，根据研究甲骨文分期的董作宾在《殷历谱》一书中的观点，这个时间段有二百二十七年。另外，将西周时期，即从殷周革命至周人东迁这段时间内周王的断代（在位年数）进行编年，计算出来西周大约持续了三百年。在这两个时间段之上再加上春秋前期的七八十年的话，就有约六百年的时间，这个时间段称作甲骨文、金文时代，在这个时代，文字仍然延续、传承着形成以来的形象和表记意识。文字的书写者会相当自由地在字形的构造上添加一些变化，但是，其前提是书写者对字形本来所表示的表像有着准确的把握，能够准确地表现字义。

字形上的变化多端，并不意味着文字仍然不成熟、不稳定，反而说明人们对文字的构造、意思能够完全理解，在此基础上才会自由地书写和表达。例如，中国科学院编著的《甲骨文编》以及中山大学容庚编著的《金文编》所收录的字形，除去春秋后期以后的金文字形之外，其他所有的文字几乎不见有与文字本来的立意相反的字义出现。这表明，当时担任记录者的史官，充分理解文字形象的本义，并将文字及字义正确地传承了下来，而不是将文字当作简单的记号加以摹写。这些记录者掌握了文字的字意，对有着复杂结构的文字的笔画没有误写，只是在笔意上添加了一些自如的变化。

"彝"是甲骨文和金文都经常用到的字。人们将祭器称作"彝器"，比如，制作祭器称作"作宝障彝"。甲骨文是刻画线条的文字，多有简省，很多地方难以看出书写者的笔意，因此从字形来观察本义颇有困难。与之不同的是，金文文字会通过笔画的肥瘠点撇将字的形象完整地描写出来，因此文字本身的意象很好理解。

"彝"字字形表现的是拎起鸡的翅膀让其吐出鲜血的形态，在鸡的嘴巴旁边加上几个点来表示鲜血。制作祭器之时，首先要举行洁净礼仪，即釁礼，在釁礼中，要用到鸡血。"釁"是一种洁净礼仪，其字形下半部与"寡"字字形相同，表现的都是在庙中举行

彝 ⊙

◎

仪式之人的形态。"鬚"字用来表示举行一种叫作"祼"的洁净仪式，在仪礼中将酒器倒置，从人的头上向下倒酒。若去掉字形下部人的形象，就成了"兴（興）"字，意思是举行仪式之前，在举行仪礼的会场一隅，向土台上洒注祭酒，以之祭祀地灵。其意义大概是希望能够唤醒地神。将这类仪式加于人的旁边就形成了"鬚"字，加于器的旁边就用于指代祭器，即彝器。

"彝"的字形，最初是鸡血的形象，后来包含了"米"和"糸"，《说文·一三上》对此有释解，但其解说去该字本来的字形甚远。金文字形的这种巨大的变化，一般倾向于认为是从西周后期开始的，而最关键的证物大概是春秋中期的秦公殷（秦景公元年，即公元前 575 年左右）吧。秦公殷的铭文，可以被认为是后世所谓"秦篆"的最初形态。

兴（興）

图-20　**秦公殷铭**　秦之篆文

62　行书体①的象形文字

　　从春秋中期开始，各国青铜器铭文字体的地域性
倾向越来越显著，文字发展开始出现分化。西周灭亡
之后，历史的发展受东周列国的影响更大，以列国首
都为中心形成了各不相同的地域文化，历史从此进入
了多国并立的时代。随着旧秩序的崩坏，在自由和分
裂的环境中，文化越来越表现出剧烈的流动性。

　　就文字而言，南方文字样式的变化最为剧烈。
南方的楚国自称"我蛮夷也"（《史记·楚世家》），表
现出与周王朝强烈对抗的姿态，而同时期的楚器文
字，也与其他各诸国具有王朝气质的优美文字不同，
给人以雄浑之感。

---

　　① 行书体（Hieratic），指一种简化的象形文字，便于书写。如
　　　果用以指称古埃及的象形文字书体，通常译为"僧侣体"或"神
　　　官文字"。——译注

继楚国之后，春秋末年吴、越两国在南方兴起，一时之间号令天下，相继崛起、衰亡。吴越两国的铜器，多是使用本地出产的优质材料制作的兵器。其器铭基本上都是错金的鸟篆（笔画上添加鸟形装饰的篆书体）文字。器物制作极其精良，金色的文字上又添加了华丽的装饰体。由于装饰过多，导致鸟篆文字比较难以释读。这种文字随着吴、越的灭亡一同消失，后世仅在印玺字体中有残留。

进入战国时代之后，出现了秦、楚、齐三大强国鼎立的形势。在齐国，辅佐齐桓公的管仲施行重农富国之策，到了战国时期，田氏代齐之后，齐国的铜器中，称量谷物的量器数量极多。政府将量器配发给地方上负责收税的机构，而在配发

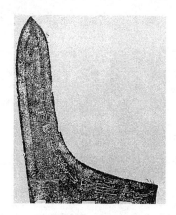

图-21　**鸟篆**

之前，经常会在量器上加刻事先准备好的铭文。这些量器的性质已与祭祀祖先的祭器完全不同，也与吴越铜剑一类的仪礼用器不同，是具有行政目的的实用器物。原本主要用于神事活动的器物制作和铭文铸造，这时用于量器的制作之中，为经济政策的执行所用。发展到这个阶段，文字开始以实用性为主要目的了。

战国是一个在剧烈的分裂和变动中不断摆脱古制的时代。列国之间对立形势严峻，大规模的战争不断发生，形势变幻莫测。在这个时代，殷周以来的象形文字，其典雅的字体已经难以继续维系了。《说文》将秦国之外的六国文字都称作古文，并有所收录，但这些文字完全偏离了文字本来的立意，很多都是对原字的简化和省略，有浓烈的书记体风格。

秦始皇统一天下，废除了六国文字，将文字统一为秦篆（小篆）。秦篆的字体样式，和前面提到的秦公簋的字体样式大致相同。与"象形文字"相比，这类字体应该称作"行书体"。秦篆并非始皇时期首创的，其文字样式在秦公簋时期业已形成。秦公簋的铭文是通过将单个文字逐一按压进器物表面而完成的，因此同一个文字的字形全都相同。这一类机械性的铸造铭文方法的应用，无疑是文字意识上的一场大变革。认为文字改革是秦始皇的一项伟业，并将他看作文字改革的先驱者而大肆宣扬，这些将文化现象归为某一人的创意，其实只是司空见惯的愚民政策的一种而已。

63　徒隶的文字

如果将秦公簋的铭文看作是从象形文字（Hieroglyph，或译圣书体）向行书体的过渡的话，那么在动乱的战国时期产生的书记体样式的文字可以看作是从象形文字向"世俗体"（demotic）的过渡。这些文字完全抛弃了殷商以来神圣文字的传统，为行政胥吏日常所用，因此逐渐简化。这些文字即所谓的"古文"。

有很多文字的字形在古文中完全被改写了。青铜器中，有一种叫作"殷"的盛食器，现代的字形写作"簋"，在金文中全部作"殷"。《说文·五上》列出了"簋"的三种古文，第一个是"匚"中加"饥（飢）"，第二个是"匚"中加"轨（軌）"，第三个是"匚"中加"杭"。第一个古文其实是金文"厩（廐）"的误写，误将"殷"写成了"饥（飢）"。第二个古文就更加谬误了，可能是将"匚"内的部分看作是声符，而误作"轨（軌）"。

第三个古文，大概是因为有用木头制作充当明器的簋，所以写作"杭"吧。用竹子制成器身的"簋"（较浅的长方形谷物笼）属竹部之字，"簋"字与之相同，也是竹部之字，当然也是"簋"的后起之字。

简略体的出现，使文字与自身本来的意象背道而驰。一旦人为地创造出简略体，文字的字形就急速地走样了。简略体应该是在经过很长时间的惯用之后自然而然形成的，而不是人为地、无原则地改动字形。

《说文·五上》"箕"字也列举了三个古文。第一

图-22 **箕** 古文三字

图-23 **史颂簋铭文** 西周篆体

个是"⊠"，第二个是"其"，第三个是"其"的异体字。第一个古文是"箕"的本字，"其"这个字形仅见于西周后期以后。"箕"字最初是像第一个古文这样的象形字，因其材质为竹，故添加竹字头而属竹部。

因秦的统一而成为标准字体的秦篆，是将西周金文的字样（标准字体），改写成近似于纵横交错的线条结构，其实这种改写在西周后期颂器的铭文中已经出现了。一般认为，石鼓文是春秋初期秦国的字样，石鼓文的字形与后来的秦篆，即小篆相比，笔画偏多，而与《说文》中记载的大篆较为接近。大篆与西周时期金文的字样相比，似乎没有什么差异。"篆"大概就是指不按照笔意在字形上添加一些肥瘠点撇的字样。不过，无论是大篆还是小篆，都

图-24　**三体石经**　字体之典型

220

不是日常记录所使用的字体。

手写用字体大概属于六国古文系列。木简、帛书、货币之上的文字都属于这个系列。这就是所谓的"世俗体文字"。有种说法认为，秦官吏程邈作隶书，供徒隶使用，这个说法与文字资料所揭示的情况不符。初期的隶书叫作"古隶"，是一种将小篆再次直线化的简易手写字形。秦公簋器盖上有标示容量的刻文，大概是后来这件器物作为量器使用之后被加刻上去的，大约是进入战国时期之后加刻的。

64 《说文解字》

在甲骨文和金文时代，汉字的字形仍然保有形成时期的意象，人们依据对初始字形的理解来使用文字。但是到了从行书体发展至世俗体的时期，人们开始不清楚文字本来的意象了。文字的字形偏离原义，只有字音仍有约束力。而在字音近似的文字之间常常又会出现通用假借以及混用的现象。从汉字一字一义的原则来看，这些假借和混用导致了字义的混乱。

西汉武帝采用儒学作为政治统治思想，设置五经博士，独尊儒学，至东汉光武帝时期，奖励经学，广开人才录用之门，对经典的注释研究兴起，但这些研究基本上都集中于训诂学方面。"训"即通达字义，"诂"即通考古今语义之关系。因此，训诂学可以说是语言共时性、通时性的研究。就经书而言，一般认为《书经》包含了周初的文献，《诗经》

是以西周后期为中心的诗篇的总集。从《诗经》中诗篇的时代（公元前 9 世纪前后）到许慎写作《说文解字》的时代（公元 100 年），前后间隔了大约一千年。这与从《万叶集》的时代到契冲①、真渊②等人的时代所间隔的时间大致相当。

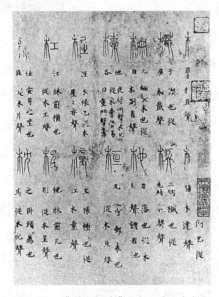

图-25　《说文解字》唐写本"木部"

---

① 契冲（1640—1701），日本江户时代僧人、国学者、歌人，思想上主张复古，著有《万叶代匠记》。——译注
② 贺茂真渊（1695—1769），日本江户时代国学者、歌人。致力于以《万叶集》为中心的日本古典研究。著有《万叶考》《歌意考》《国意考》。——译注

许慎认为，经学研究应该从辨明字义开始，而欲辨明字义，需要首先确立文字的字形学研究方法。因此，许慎按照文字的形体素进行区分，选取基本的字形分设为540部，并收集属于各部的文字，对9353个字加上了字形解说。此后的字形解释几乎都是对《说文》解说的沿袭，与之不同的解释，往往都只是论者恣意性的臆说而已。

在许慎的文字学中，最为重要的问题是，他对甲骨文和金文这两种文字形成时期的最古老的文字资料一无所知。在许慎的时代，甲骨文和金文都还被埋藏于地下，直至宋代，才有数部关于金文的著录问世，而甲骨文的出土更晚。以这些出土资料为研究对象，形成一门新的学问和研究领域，就更晚了。以甲骨文和金文作为资料的文字学研究，始于清末的吴大澂、孙诒让和民国初年的王国维。在此之前，《说文解字》一直被奉为文字学的圣典，有着不容侵犯的权威性。段玉裁的《说文解字注》是公认最为杰出的《说文》注解之书，对《说文》中的文字解说也几乎未作任何改动，只是对原文多有推演。

前文谈到，"秃"指代果实脱落之后的禾穀（水稻等）的形态，但是《说文·八下》认为："秃，无髪（发）也。"并引用王育的说法称，传说中文字的创造者仓颉在茂盛的禾苗中见到秃头之人，因而将"禾"与"人"组合起来而造出了"秃"字。段注否定了这一说法，称"不应以一时所见而定千年之字"，但对《说文》的解释仍然加以辩护，认为大概是以禾苗的光润来充当秃头之义。关于前面谈到的"彝"字，《说文·一三上》认为该字从米、从糸，段氏当时已然看到了很多金文中"彝"的字形，但是他在《说文解字注》中完全没有引用包括"彝"在内的任何金文字形。其实，如果不治甲骨文、金文，想要超越"说文学"是根本不可能的。

65　字书《玉篇》

　　六朝时期南朝梁人顾野王所著的《玉篇》是一本以训诂为主的字书。中国的学术研究必须以训诂为基础，因此文字训诂又称为"小学"。《玉篇》是一本奠定研究者的"小学"基础的著作。《玉篇》采用了增广《说文》注解的形式，但与《说文》又有两点不同。其一，《说文》标示出了小篆，并以小篆为文字的正形，而《玉篇》将小篆都去除了。其二，《说文》以解说文字字形为主，是字形学著作，而《玉篇》收集了很多可以证明字义的经书一类的古典文献及相关的疏证，是关于训诂的字书。

　　去除小篆，而以楷书体作为正字使用，这从字形学方面来讲，已经偏离了文字学的研究目的，也意味着《玉篇》的研究目的转移到了以字义为中心的训诂学上。顾野王的时代比许慎晚了大约四百年。

六朝时期，佛教兴盛，佛典的翻译也很多，这一时期对文字的声、义的研究，受到了佛典翻译等外来因素的刺激而迅速推进。这一时期，出现了"去声"，即所谓的"四声"声调之一，声调研究随之兴起。

《玉篇》所收录的文字的数量，比《说文》增加了八成之多。《说文》之后，三国魏时期李登著《声类》10卷，收11520字，南朝宋吕忱著《字林》7卷，收录12824字，北魏杨承庆著《字统》20卷，收录13734字，至顾野王的《玉篇》，所收字数多达

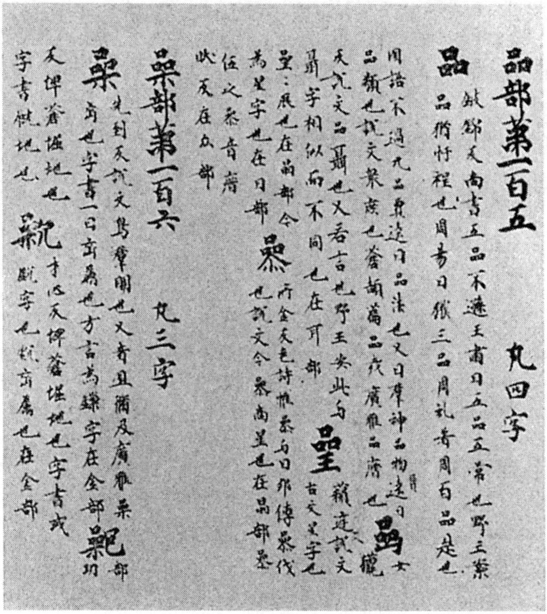

图-26 《玉篇》唐写本残卷品部

16917 个。《玉篇》的完本今已失传，但日本仍然保存有残卷数部，另外，空海所著的 30 卷《篆隶万象名义》、昌住所著的 12 卷《新撰字镜》、源顺所著的《倭名类聚抄》等著作中对《玉篇》都有采录，因此也可以从中窥得《玉篇》原编的面貌。

《玉篇》侧重于训诂，在字形方面也会引用《说文》的解说，但有时对《说文》的解释会进行修改。例如，《说文·三下》对"器"的解释是："皿也。象器之口。犬所以守之。"《玉篇》则云："器，四口之器也。"《玉篇》对"器"字形中的"犬"视而不见，大概是因为作者将"犬"和四个"口"看作一个整体，认为它们都是器体的组成部分吧。对于舍弃了篆体文字的《玉篇》来说，与字形本身所表现的字义相比，文字在古典文献中的用义应该是更为重要的。

"器"的意思是祭器。字形中的"犬"并不是指用于守卫祭器的犬，而是指用于清洁祭器的牺牲。在制作祭器的时候，会附加很多的祷词，所以有必要用犬牲来进行清洁。这类祭器估计是死丧之时使用的明器。如果在两个"Ｈ"的旁边加上"犬"，就形成了"哭"字，指代哀哭之礼。无论是在"家"中还是在坟墓中，都有用犬牲来进行清洁的习惯。

器 ◎

家 ◎

◎

228

以《篆隶万象名义》为发端，《玉篇》对日本的古字书产生了巨大的影响。关于顾野王的著述，《隋书·经籍志》仅列出了三种：《玉篇》、《舆地志》30卷及《顾野王集》19卷，而与《隋书》几乎同时成书的《日本国见在书目》则与之不同，列出了《舆地志》和《符瑞图》10卷，说明顾野王所作的符瑞图画也传入了日本。《玉篇》也是传入日本的顾野王的著作之一。在这之后，日本的字书也沿袭了《玉篇》的名称和体例，称为《倭玉篇》。按照笔画顺序来罗列部首的字书，始自明代梅膺祚的《字汇》，而在《字汇》之前，所有的字书都按照《玉篇》所罗列的部首顺序来编排文字。

66　正字之学

当古代文字改写为《说文》古文以及隶书一类的简略体，或是线条状的字形之时，一些屈曲的笔画会直线化，因此不可避免地会出现改写后的字形丧失文字原有意象的情况。在文字改写的过程中，字形非常不稳定，同一个字的笔画也常常会有差异。《汉书·艺文志》所载的《别字》十三篇，大概就收录了这一类发生改变的字形。这些字形结构有差异的文字，称作"异体字"。

宋代洪适所编的《隶释》收录了189种汉碑，并将原碑铭文字按其笔画原封不动地摹写了下来，从中可以看出这些汉碑文字有很多是异体字。检索内野熊一郎所编的《隶释》索引，有7种以上形体的字多达79个，其中异体较多的字包括：侯、懿，有18个异体字；垂，17个异体字；殷，16个异体字；

华、虚，15个异体字；怀、世、魏，14个异体字；邮、致，12个异体字；圣、年、戏、柔，11个异体字；焉、明，10个异体字，等等。由于是碑刻文字，应该不会随意地使用略体和俗体字，究其原因，概括而言，是因为当时文字字形不稳定，异体字较多。

隋唐时期实行科举制，考试内容包括对经书的解释及对文字的掌握，以考试结果来录用为官。在这种背景下，经书逐渐教科书化，文字字形也逐渐趋向统一。初唐是楷书名家辈出的时代，大概和科举制的考察内容有关。著名书法家颜真卿的五世祖颜师古以注解《汉书》闻名，在唐太宗贞观年间他任职于秘书监（图书机构的长官）。当时人们在读经的时候，对经籍文字的字形产生了很多疑问，纷纷向颜师古请教，颜师古遂用楷书写成《颜氏字样》，其中书写的字形被称为"正体"。盛唐时期，颜元孙著《干禄字书》，收录了俗、通、正三种形体的文字，并标示出标准的正字，这些字当时由他的族人颜真卿书写。当时人们的一般态度是，经书中使用正体字，日常生活使用通、俗两种手写体，对这两者都予以承认。但是，不久之后，到了大历年间张参所著的《五经文字》以及太和、开成年间唐玄度所著的《九经字样》，却不再承认通、俗两种文字，而将正字称为"定体"。唐玄度还依照敕旨，将定体字书写下来，成为"开成石经"，以之作为国家认定的字体和常用汉字。

到了宋代，木版印刷术盛行，以前依靠抄写才能流传的书籍在这一时期以刊本的形式普及开来。版刻的文字沿袭了颜真卿和唐玄度所写的字样，是非常标准的楷书体。但是后来，刻字的时候为方便起见，把木版上字样的笔画逐渐刻成了直线状，字

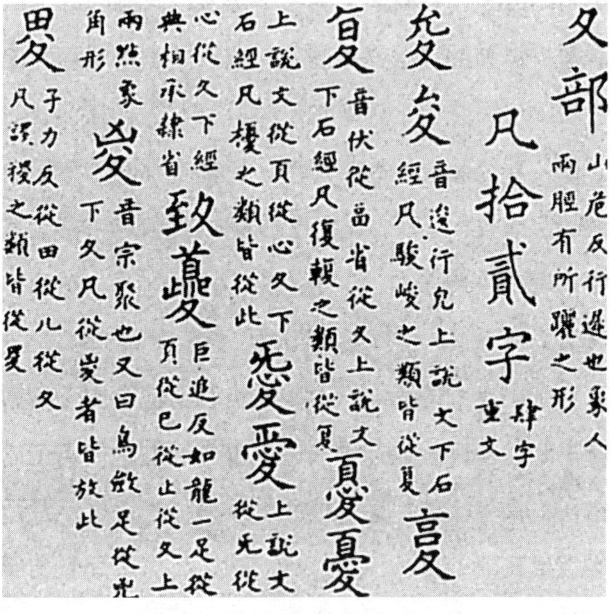

图-27　《五经文字》　正书之字

232

体呈现出硬朗的风貌，这种字体也就是宋体，这些文字被排列于有固定大小的版框内，其字形仅具有笔画这一个特征，其他特征都消失了。时至今日，文字构造所应具有的紧张的统一感也已消失，同时也出现了一些荒唐之极的规定，比如规定"女"字撇（丿），着笔之时不能超出横（一），又规定"幸"字（日文中写作"幸"）第四个横笔画必须比第三个横笔画要短，等等。由于要保护这些昭和时代之人的名誉，目前我还不能把这一类的事情告知后世之人。不过，唐代是欧阳询、虞世南、褚遂良、颜真卿、陈柬之、徐浩等书法名家辈出的时代，有观点认为正字之学与当时的风气并非毫无关系，我想这是需要重新进行思考的。

67　美的样式

　　通过对汉字历史的认识，我们知道汉字不是仅仅具有文字记号这一种机能的。除了作为文字记号之外，汉字还可以让美的样式得以实现，甚至让美的思想得以展现。不过，汉字之美的样式，与所谓的书法（calligraphy）有许多截然不同之处。

　　早在甲骨文、金文时代，书写样式就已经逐渐发生了显著的变化，从这些文字中可以看出当时人们有着将书写样式向美的方向发展的志向。武丁时期之后的甲骨文可分为五期，分期的标准并不是卜辞的内容和形式，而是各个时期文字字样中颇具特征性的差异之处，根据各个时期这些有差异的文字样式来进行分期。董作宾根据文字样式的差别所划分的五期分别为：雄伟期、谨饬期、颓靡期、劲峭期、严整期。一般认为，根据甲骨文的书写样式所做的分期，同样适用于殷商时代的金文。不过，目前还不能明确殷商时代金文的文字样式和甲骨文的文字样式是否可以在时代分期上相合，也许殷代金文样式中所见的方直、高雅、柔媚等字体曾经并行使用。甲骨文的文字样式在某一时期都较为一致，这种现象的出现大概是受到了使用卜辞群体的性格之影响。从甲骨文和金文中，也可以看出使用者在两种文字的书写样式上有着不同的追求。

一般认为，西周金文在不同的时期书写风格亦有差异，初期字体健雅，中期字体紧凑、整饬，后期则饶有篆意又有向颓放之风发展的趋势，每一阶段样式各有特点。可能是由于铜矿产地和技术条件的限制，西周时期青铜器的制作分布在数个不同的地方，但是不同地方铸造的青铜器在文字样式上都

图-28　**第一期**　　　图-29　**第四期**　　　图-30　**殷金文**
甲骨文　逐豕　　　**甲骨文**　燎与宜　　　子媚

具有相同的时代特征，这说明在铸造者的意识中，通过文字来实现美的样式是共通的。

不仅是在象形文字时期，在行书体和世俗体文字时代，都有对美的样式的追求。战国以降，秦汉时期的帛书、木简、汉碑，以及六朝之后的碑帖一类的文字同样如此，随着时代的变化和个人喜好的不同，人们对美的样式的追求也各有差异。也就是说，由文字连缀而成的书法，一般可以构成系统的意涵，这些意涵体现了不同时期的文化内容，所以说，书法可以看作精神史变动的具体表现。

作为一种实现美的手段，书法与绘画在书墨的艺术中具有同等地位。通过书法与绘画，墨法之中深邃的哲学思想得以体现。在日本也是这样，人们通过书画来体现哲学思想是一种自觉性的行为，并对这一行为进行了实践。当然，我们很难期待数万人都成为艺术家兼思想家，但是，并不是每个人都有否认通过书法以实现这一点的可能性的权利。

68 文字学的颓废

从历史上看，文字作为一种成熟的体系，强烈作用于文化结构的深处。由此可知，如果将文字从文化这个主体中分离开来，并加入人文的制约因素的话，可以说是一种反文化的行为。文字同话语一样，也是更倾向于自主性的表达。因为只有自主自由之下，文字才有不断变化发展的可能。

现代的法家者流对秦始皇的文字统一政策赏赞有加，认为这是果敢的变革者的一项伟业，其实，依据秦篆进行的文字统一，只是与始皇帝成功的政治统一相对应的一项文字政策而已。从这一文字政策的方向来看，统一为秦篆的做法具有复古的性质，因为六国古文比篆体更简略，如果文字政策的方向是力图简化的话，那么六国古文更适宜作为标准的统一文字。

秦始皇之后，文字政策的介入者还有武则天。武则天是一位稀世罕见的女政治家，自称圣母神皇，后又夺唐室而成为一代女皇，执政长达四十五年。她创制了所谓的则天文字，流传至今的仅有 19 字，但从这些新创作的文字中，大约可以看出一些巫术信仰的内容。比如，武则天本名武照，她将"照"字改写为日月当空照的字形"曌"；又如，因为"国（國）"字表示了对地域的限制，所以将其中的"或"改为"八方"，写作"圀"。"圀"字在中国并不通行，在日本却因"水户光圀"①这个人名而为人们所熟知。

　　则天文字只是因武则天的一时兴趣而出现的，而到了宋代，王安石将文字学作为谋取政治权利的工具，文字和政治就结合起来了。王安石是一位推行新法的改革者，他曾撰写《字说》，并依据《字说》来解释经书，著《三经新义》，并以之作为教科书，令时人学习。王安石不承认字形中声符的存在，认为构成文字的要素都是意符。例如，他认为"覇（霸）"字上部的"西"指代西方，五行之中西方主肃杀（万

---

① 水户光圀，即德川光圀（1628—1701），日本江户时代的大名、学者、历史学家。水户藩藩主，由于曾任黄门官，因此人称水户黄门。编著《大日本史》。——译注

物之死），而"霸者"的意思也与肃杀相关。当时有人提醒他，"霸"字的上部不是"西"而是"雨"，他又进行了仔细的论证，认为"霸者"如时雨润物，使民休养生息，因此上部从"雨"。他的观点随意变化，没有定见。前文谈到，"霸"的意思是动物尸体长期暴露于风雨之中，褪色变白之后残存的兽皮。被雨淋湿褪色变白称"霸"，被太阳曝晒褪色变白称"暴"。"尸（屍）""魄"二字相同。"霸"字本来写作上部从"雨"、下部从"革"的字，后来因兽皮象月光之色，故而又在字形中添加了"月"。

王安石新法的批判者苏东坡据说曾多次揶揄王安石的《字说》。王安石认为将竹鞭加于马之身就构成"笃"字，苏东坡就问他，为什么将竹鞭加于犬之身会构成"笑"字？还有，王安石说东坡的"坡"指代土之皮也，苏东坡又回击道，这样说的话"滑"字是指水之骨吧。时至今日，仍有一些人提出汉字不过是漫画的看法，这种观点与王安石的《字说》的确较为近似。兴盛于一时并成为国家权威著作的王安石《字说》，流传至今的只剩几则笑话而已。

◎ 霸

69　汉字的数量①

　　《玉篇》共收录了 16917 个字，作者顾野王标
示了每个字的出典和训诂，并加上了自己的考述。
但在此之后的一些字书，肆意增加了很多出典不明
的文字，文字的字数因此无休止地增加了。宋代的
《广韵》收录了 26194 个字，明代的《字汇》收录
了 33179 个字，到了清代，《康熙字典》收录的字
数多达 42174 个，这些字书中增加的文字很多都是
毫无意义的。诸桥辙次所编的《大汉和辞典》，根
据文字的编号，共收录了 48902 个字，他常以这本
辞典收录字数最多而自夸，其实，他所收录的文字
的三分之二几乎没有任何用例，是无用的文字，剩

_____

　　① 由于时代局限，本篇中所列统计数字可能与时代最新统计结果
　　　略有出入，译者且遵从原文译出。本书其他篇目可能也有相似，
　　　特此说明。——译注

240

下的三分之一之中，又有一半左右的用例极其匮乏。真正有用的文字大概在8000个左右。这个数量与主要的经典文献中所使用的字数大致也是相合的。

从日本的教育用书中也可以看出这种用字情况，以过去广受人们喜爱的《论语》《孟子》为例，《论语》的总字数大约是13700个，所用文字共1355个，《孟子》的总字数大约是35000个，所用文字共1889个。合称为"四书"的《论语》《孟子》《大学》《中庸》四部书的用字数加起来是2317个。再以经书为例，《诗经》的总字数大约是39000个，所用文字为2839个，《书经》的总字数大约是25800个，所用文字为2924个，而被称作五千言的《老子》，其用字数只有802个。

文学作品中，李白的诗共994首，总字数约77000字，所用字数仅为3560个，杜甫的诗约有1500首，所用字数为4350个；多用奇字、擅写长诗的韩愈，约有400首诗，用字数也是4350个，与杜甫所用字正好相当。作诗接近3000首的白居易，诗作的总字数为186000个，其用字数也仅有4600个。由此可知，单个作者的用字数没有达到5000个的，即便是《文选》这部收录了汉魏六朝时期最具表现主义风格诗文的作品，其用字数也只达到了7000个。

从日本明治以后汉字的使用情况来看，常用字大约是这个 7000 字的二分之一，教育中应识之字约为 3500 个。

在中国，多年以来文字改革一直是国民教育中的一桩悬案，特别是"二战"之后随着简体字的施行更是如此。中国关于文字改革的方案有多种，都在讨论之中，一种方案拟定常用字数为 3200 个，另一种方案拟定为 3400 个，其中常用一级字 2076 个，其余为二级字。在简体字方针的指导下，文字朝着彻底的表音性方向发展，对于中国庞大的文化遗产，不久之后一般人也许就难以理解和接近了。

收录大量的无用之字，并以此为荣的字书，是汉字肥大症的一种表现。而以字书作为权威，则更加夸张了。对于喜爱读书的人们来说，如果读书不伴有一些知识性的开拓和少许的紧张，那么就价值甚微了。现在在日本的《内阁告示表》(1977 年颁发) 所公布的文字中，没有收录李白的"李"、杜甫的"杜"等诗人的姓氏，也没有收录日本很多文人的姓名用字，从松尾芭蕉、与谢芜村、森鸥外、夏目漱石的"芭""蕉""芜""鸥""漱"，到日夏耿之介、火野苇平的"耿""苇"全都没有收录。告示表声称，这是因为所有的固有名词全部都要排除在外，但是这张从发布之日开始就毫无约束力的表，又会有什么权威呢?

70 汉字的志向

　　文化，指的是经过蓄积之后所形成的成熟的具有内涵的体系。这一相应内涵的体系即传统，在社会中发挥着重要的作用。文字就是这个体系的构成要素之一，在文化的形成过程中，文字为文化的发展提供了基本条件。离开了文字，文化将无从发展。文字不单是话语的表记手段，有无文字还是区分未开化人群和文明民族的重要标志。文字与人类的精神史最为息息相关，是文化的承担者。

　　汉字是唯一一种从形成至今性质未曾改变的文字。可以说，从东方中国到西方的希腊、拉丁，从古代到现代，作为文化载体的汉字是历史上唯一的通时性见证人。三千多年前文字开创时期的资料，今人不加一些特别的注解就可以读懂，时至今日，只有汉字可以做到这一点了。另外，同样使用汉字的日本人，运用与中国人不同的方法，也可以将汉字作为日语来读，并且完全读得懂。正因为如此，日本甲骨文、金文之学的研究水准才可以与中国的研究相比肩。日本人之所以可以精通汉字，主要原因在于汉字所具有的通时性的特点。在历史这个复杂的生物体中，汉字扮演着大动脉的角色。

汉字变成日本国字，始于训读法——将中国的文献用日语的语法来阅读——这种特殊的接受方式，依照训读法，中国的文献开始进入口语的领域，日本的文化蓄积范围也因此涵盖了中国的文献。像西方的古典学那样，中国的主要文献曾是日本读书人的学习范围，正因为这些文献进入日语领域，所以日本人很容易和中国人一起分享中国的诗人和诗作。

明治、大正时期，汉诗文的教学在当时的文学体系中居于十分重要的地位，这点无须多说。虽然现在汉诗发展受限，但在当时，日本有相当多的诗社存在，也有很多报纸、杂志开辟汉诗专栏。郭沫若和中国新文学运动的先驱者、创造社的发起人郁达夫，都曾经向雅声社的服部担风①求取诗作。直

---

① 服部担风（1867—1964），日本汉学家，致力于汉诗的研究和指导，是雅声社等多家著名诗社的主持人。——译注

到"二战"前，仍有数个诗社存在，并有诗作问世。这其实都只是三四十年前的事情。就现在的诗作而言，能够根据个人体验来创作汉诗的人大概已经寥寥无几了。现在这个时代，普通日本人连阅读老马克思主义者河上肇的汉诗都需要附上译注才能读得懂了。

在中国也有类似的情况。1916 年，胡适发起文学改革运动，攻击旧文学，自此以降，古典汉语丧失了在文学中的地位。后来中国政府又推行大胆的文字改革，文字字形由此发生改变，作为旧文学重要元素的汉字失去了它的美学价值。中国无限制地创造了一些从字形学上来看毫无意义的简体字。在这种实用主义政策的影响下，文字的规则和文字在美学上的价值都渐渐消失了。这些为了民众而进行的文字改革，不久之后就会有向隔绝民众与文化遗产转化的危险，这是不得不加以注意的。

辛 文字与思维

71　孤立语与文字

汉语是单音节语言，记录这种语言的方法只有一个，就是将话语与文字逐一对应，并记录下来。只要是单音节语言，就只有这一种记录方法，别无他法。这也是中国人记录汉语最为合适的唯一方法。如果加以改变的话，汉语就失去了其作为单音节语言的特质。

在汉语的语汇、语形当中，不存在表示语法功能的部分。也就是说，汉语是一种孤立语。汉语词汇的性质，由每个词汇在话语中所居的位置来确定。比如，"人"是名词，但"人之为人"中的"为人"是动词；"人家"一词中的"人"是形容词；见于《左传》的幽灵故事记载"豕人立啼"，意思是猪像人一样站立着啼叫，这里面的"人"是副词。

再来看汉语的语序，以卜辞为例，嫁给殷王的妇鼠，大婚之后受到了一位叫作妣己的祖灵作祟的影响，需要供奉牺牲来防御妣己作祟，因此进行了卜问：

> 甲申卜，御妇鼠妣己，二牝牡。
>
> （甲申之日占卜，为妇鼠祭祀妣己，用二牝牡。）

在同一块卜版上，又记曰：

> 一牛一羊，御妇鼠妣己。
>
> （以一牛一羊，为妇鼠祭祀妣己。）

其他的记载还有"御妇鼠子于妣己"（为妇鼠之子祭祀妣己）等，此处加上了前置词"于"。又如，"王又岁于且乙"（王又岁于祖乙），同版还记云："于父丁又岁"。这两条记录语序有所改动。除了这些之外，还有很多类似的例证。

汉语的词汇位置不稳定，词性需要放到整个文脉中进行考察。词和词之间有着紧密性的对应关系。因为一个汉字常常就是一个词，字与字之间结构均衡，前后字之间通常维持着紧密的状态。这种

250

语言与印欧语系的屈折语和日语一类的黏着语完全不同，屈折语在词汇形态和文法关系方面有着严密的理论性，黏着语使用柔软的词语来表示接续关系，适合情绪化的表达，而汉语则是类于哥特式建筑的语言，这种建筑使用同样大小的建筑材料层层累积叠加筑成。阿兰（Alain）[①]称汉字是"以形状表现的语言"，认为汉字与素描同出一系，若将这一观点进行善意解释的话，就是"线条是人类的表征，可能是表现出极强的判断力。"从中可以看到人们对线条所能表达的含义的深刻认识。汉字的生命，在于线条所拥有的含义，这些线条组合是人类社会表象的一部分。艾伦的再解释，大概可以被视为近些年记号学中出现的汉字映像说的基础。

---

① 阿兰（1868—1951），原名埃米尔·沙尔捷（Emile Chartier），阿兰是其笔名，法国哲学家、记者。毕业于巴黎高等师范学院，著有《幸福散论》等。——译注

72　文脉与词类

汉语的词性具有不稳定性，词语的作用随着词语在文句中的位置及文字的声调不断发生着变化，因此，汉字难免会出现多义化的现象。作为"形的语言"，汉字的意义、字形较为固定，但有时随着词语用义的变化，汉字的意思与其原义之间也会产生差距。在这种情况下，常常会在文字字形中添加限定符形成分化字，但是由于同音通用等现象的存在，汉字字义的波动范围越来越大。

像主动、被动的关系，最初大概只需要根据声调的不同就可以区分了。另外，根据词语在语句中的位置可以看出文章的走势。因此，文字不需要更换就可以分别用为命令、接受两种意思。例如，"受"字在金文中有"王受作册尹（史官之长）书"和"受天命"等两种用法，前者表示命令，后者表示接受。

根据文势不同，一字两义的用法在后世也有很多。

主语省略也是汉语的显著特征之一。因此在文脉的把握方面，需要再适当处补入主语，这样才有利于理解文意。从《左传·庄公八年》中一条记载齐国公孙无知叛乱的文字就可以看出这一点，原文如下：

冬十二月，齐侯游于姑棼，遂田于贝丘。见大豕，从者曰："公子彭生也。"公怒，曰："彭生敢见！"射之。豕人立而啼。公惧，坠于车，伤足，丧屦。反，诛屦于徒人费。弗得，鞭之，见血。走出。遇贼于门。劫而束之。费曰："我奚御哉！"袒而示之背。信之。费请先入。伏公而出斗，死于门中。石之纷如，死于阶下。遂入。杀孟阳于床。曰："非君也。不类。"见公之足于户下，遂弑之，而立无知。

这段文字的意思是：冬十二月，齐侯游乐于姑棼(地名)，随即田猎于贝丘。发现大野猪，随从说："是公子彭生（此前被齐侯所杀的冤罪之人）。"公怒，说："彭生竟然敢出现！"就射他。野猪像人一样站立着大叫。齐公害怕，坠落车下，伤了脚，丢失鞋子。返回，令近侍费找鞋，没有找到，鞭打他，见血。费走出来，在门口遇见造反者，胁迫捆绑他。费说："我哪里会抵抗你们呢？"脱下衣服让人看自己的背上的鞭伤，（众人）相信了他。费请求先入宫作内应。费把齐公掩藏起来，与叛乱者打斗，死在门内。石之纷如（另一近侍之名）死于堂前的台阶下。叛离者随即进入，杀孟阳（装扮成齐侯的人）于床，说："不是君主，不像。"发现齐公的脚在床下，随即杀了他，而拥立公孙无知（叛乱者之名）。

这段短短的文字将齐侯被叛乱者弑杀以及徒人费的形象写活了，而这都是通过省略主语来完成的。文章中没有时间关系，都使用现在时，这些都为具体的场景描写增添了紧迫感。《左传》原本是将记言为主的《国语》中的对话文章化之后形成的。从文章用语的简洁性来看，中国古代的典籍中大概还没有可以与《左传》相比的。《国语》的文章语脉从简洁性上可以说是与《左传》相反的。

73 御 与 尤

汉字的多义性，可以从"御""尤"两个字的含义中看出来。

关于"御"，《大汉和辞典》共列举了三十四种义项，包括"御马、驯服、治理、司掌、统率、采用、使唤、前进、陪侍、敬称、防御、御临、面向、依据、拜访、排列、致达、停留"等。在卜辞和金文中，"御"字已经是个多义字了，有"祭祀、防御、治理、使用、御马、采用"等义项，而这些义项之间原本就相互关联。

"御"最初是祭祀名。这种祭祀为防御鬼祟入侵而举行。上文引述的卜辞"御妇鼠妣己""御妇鼠子于妣己"，说的是已经死去的婆婆妣己幻化为鬼祟，来危害妇鼠和她的孩子，为了防御这个鬼祟，而举行御（祭祀），这种祭祀可能就是"御"的本义。"御"的字形反映的是将丝束放置于祭坛之上，然后进行

⊙ 御

◎

膜拜的形象，这种丝束，大概相当于日本的白香①一类的物品。如果将玉器加在丝束上并进行膜拜，便是"显"字，是所祭祀之灵显现的意思。

从"御"字的立意来看，"祭祀、防御"是它的原义。不过，在卜辞中还有"兹御"（采用这个）一词，是殷王在察看卜兆之后下判断时的用语，这个词在卜问狩猎之事，得出吉兆时使用。也就是说，外出狩猎较为吉利。不过，当时的狩猎活动具有军事演习的意义，需要驾车在原野上驱驰。因此，从这个用法中可以推导出"御车、采用"两个含义。当然，从"御"的字形上看，其原义是防御，所以后来为了维持这个原义而派生出了"禦"这个字。

从"采用"这个用法之中很容易演绎出"使用、治理"两个意思。金文中，称执政治事为"御事"，另外还有"天子御（使用）""御宾客""用御天子事""自作御监（監、鑑）"等用例。"御"字作为尊称，来源于尊者自己御用某物这个意思。

表示"陪侍"这个意思的用法也见于金文，如"剌（人名）御（陪侍）"（剌鼎铭）一词。又有金文用例"遹

---

① 将麻布一类的物品割裂成白发状的细丝，并捆扎为一束，用于神事活动。——译注

（人名）御遣亡"（遹毁铭文），意思大概是一位叫"遹"的人作为参乘在车上陪侍。上述几例都是西周中期的用例，大约同时期的令鼎铭文记载："王駁（驭），溓仲（人名）仆。"在这里，将御马称为"仆駁"。"駁"字也见于甲骨文，本来和"御"字是两个不同的字，因为音义接近，所以和"御"字的一部分义项有重合。《说文·一下》认为"駁（驭）"字是"御"的古文，也反映了"駁""御"的字义有重合。

关于"尤"字，《大汉和辞典》列举了 17 个义项，包括"怪异、优异的事物、咎误、责难、怨恨、犹豫"等含义。有种说法认为"尤"的字形表现的是狗俯伏着的形态，因此演绎出"怀疑、责难、正当"等意思，这种说法是值得商榷的。"尤"在甲骨文、金文中用为"尤亡"（没有咎误）之义，"尤"表现的是巫术活动中使用的动物之灵的形态。用作"犹豫"之义时，"尤"其实是犹豫之"犹"的假借字。"的确、但是"等义项是仅见于日本的"尤"字的用法。字的多义化来源于字义的演绎和文字之间的假借通用。字书不仅要罗列文字的义项，还要说明其意义演变的始末，如果不将字义的发展过程细加说明，就不能说是"御尤も"（正确合理）的。

74 训诂与辩证法

　　小岛佑马博士的《古代中国研究》（弘文堂书店1943 年刊）一书中有一篇论及了训诂中存在的矛盾的统一。他谈道，在训诂之中，一个文字有时会有相互矛盾的两个义训，即出现了所谓的反训现象，其原因是受到了中国古代辩证法思维的影响。又谈道："他们的全部生活其实都遵循了一种辩证法"，"与其说人们在知道辩证法为何物之前已经辩证地进行思维了，倒不如说人们已经辩证地进行生活了，因为反训现象就可以视为一个例证"。他的这些观点在当时是十分引人注目的。

　　他指出，东汉郑玄在《易赞》中提出了《易》之三义，"易简一也，变易二也，不易三也。"在变易不止的现象之中，反而有长存不变的东西。郑玄之说的主旨是，自然界的运动其实是各种矛盾综合统一的过程，而《易经》的原理就是建立在这种矛盾统一之上的。"易"字训为"易简"，也训作"变易"，这两种义训是相互矛盾的，即所谓的"反训"。他提到，在文字训诂上，具有相反意思的反训例子很多，例如以治训乱、以久训曩（刚刚）、以快训苦、以存训徂（逝去）、以香训臭、以迎训逆、以安训扰、以附训离、以多训颇、以忧训虞（快乐）、以哀训陶（快乐）、以通训关、以匹侔（同伴）训仇、以毒训药、以今训故，等等。这些相互矛盾的意思之所以能共存，他认为是受到了古人的辩证法思维的影响。

《易》之三义的价值并不在于训诂方面，而在于它指出了《易经》的原理，关于这一点，我们认同小岛的看法。"易"字没有古字形，有观点认为是蜥蜴的象形，尚待讨论。从发音上看，"易"和"易"都从属于喉头音 i，所以"易"可能和"陽"字有关系。关于矛盾性的思维，还是有必要来讨论一下所谓的反训现象。一般认为，《楚辞》的《离骚》有罹忧之意，"離"和"罹"、"骚"和"忧"意思分别相反，因此是反训。其实，"離"和"罹"都有"被网捉住"之意，而"骚"是"慅"（忧愁）的假借通用字，所以并非反训。从其他的所谓反训字来看，比如"受"有授受两种含义，"鬥"有攻守两种含义，含义的转换是由文势、立场的转变所决定的，并不存在具有严格的矛盾关系的反训现象。

作为反训的例子，上文最先列举的是"乱（亂）"字，关于这个字，需要做一些说明。"乱（亂）"既在变乱、乱邦等词中使用，又在《论语·泰伯》"予乱（亂）臣十人"等辞例中使用，后者用以指代贤臣，两类词语中的"乱（亂）"意义相反。"乱（亂）"的形体素"𠬪"，字形描画的是被架起的丝束的上下各有一只手，似乎要解开纷乱的丝束。这个形体素可能是紊乱之"乱（亂）"的初形。在"𠬪"旁边添加一个乙形器就组成了"乱（亂）"字，"乙"是骨制的小刀的象形，"乱（亂）"的意思是用小刀来解开丝束（𠬪）。所以，"𠬪"还有混乱的意思，而"乱（亂）"因此也可以表示对混乱的治理。金文中，官员的司掌叫作"官嗣"。"嗣"是"司"的初文，从它的字形可以看出，整理丝束这个意思也用到了行政之中。还有"辞（辭）"字，指的是向神明陈述事情并化开误解之时所说的祝祷词。"辞（辭）"的字形中，右半部的"辛"形指代曲刀，左半部与"𠬪"

𠬪 ◎

嗣 ◎

辞 ◎
（辭）

同形,有时还会加上"廿"来表示与神事有关的行为。"鬲"系统的文字,其义训相承而不乱,因此不存在反训的现象。

75 关于反训

汉字的训义很多，清代阮元集录汉唐时期的旧训编辑了《经籍纂诂》一书，书中收录的文字有些训义多达数十个，像帝、介、德、离等字的训义甚至在一百个左右。作为单音节语言，多义性肯定不能反映汉字字义的原貌，同时又使汉字的稳定性丧失了。就甲骨文和金文来说，其文字的含义大都在文字的演绎含义之内，另外还有一些假借义。下面来看甲骨文、金文用义的例子。

汉字	义 项	汉字	义 项	汉字	义 项
寡	未亡人、少	气	到达、寻求	其	那个、助词"的"
毁	青铜器名、公公	归	返回、馈赠	吾	我、守护
卿	公卿、飨食	厥	那个、助词"的"	古	古、因此
差	左、前进	岁	祭名、年	乍	作、祚、迮(催逼)、殂(逝去)

汉字	义 项	汉字	义 项	汉字	义 项
之	这个、助词"的"	子	名词、动词	吏	祭祀、使者、使役
司	治理、嗣承	丝	兹（此）、丝	事	祭祀、侍奉、事情
自	从、自己	若	谨慎、如此、诺、在此、按照	畯	改正、长
叡	及、啊	省	看见、显现	飤	吃、道歉
身	身体、自己	臣	神的奴隶、侍奉	正	改正、征伐
且	先祖、租税	走	奔走、我	丧	死丧、昧爽（黎明）
造	到、制造	肇	始、继续	啻	帝祭、禘祭、敌
田	田邑、田猎	乃	汝、即、若	不	不、非常地（丕）
辟	君、使唤	保	太保、宝	令	命令、赐予
友	有、侑助、右	右	祐、佑、有、又	有	右、又、加于王朝名称之上，如"有周"
余	我、赊（赠送）	来	往来、来年	立	站立、位

　　将这些文字的训义相互比较，可以看出字义演绎的方向，以及假借义和形声字的分化方式。比如，"吾"的本义是守护"廿"，作代词"我"使用的是假借义。"保"字原本指代受灵仪礼，因此又指代太保之职，用作"宝"的时候其实是同音通用。"自"字是鼻子的象形，当用手指着鼻子来表示自己的时

候，"自"就有了自己的意思，是一种转义现象；当表示自从之意时，和"从"的读音接近，也是音近通用。

从上述这些最为古老的文字资料来看，汉字的多义化主要是由假借和同音通用造成的。这种现象是汉字所特有的，因为作为书面语言的汉字是单音节词，与某字发音相同或近似的文字，常常会用来替代这个字，因此容易出现假借和同音通用现象。例如"离"字，根据《说文·四上》的记载，用于指代一种与莺近似，叫作"离黄"的鸟。"离黄"也写作"黄鹂"，因为"离""鹂"字音相同。"离"的训义多达16个，究其原因，是因为其中有很多其实是同音字"丽"的训义（包括"附在、明亮、并列、连成一排"等）《易经》认为"离"有"丽""明"之义。从流离、离娄（视力很好、能清晰地看到并区分远方事物的人）、离落、离离（很多稻穗并排下垂的样子）等词汇的含义来看，"离"很可能是个拟声词，基本含义是用于形容一种分散、零乱的状态。因为与"罗""罹"的字音相近或相同，"离"还有罹难、罹患的意思。因此，当"离"字训为"相会"之义时，并非是反训，只是因为"离"的假借义偶尔会与本训"分离"

之义相反而已。作为矛盾的统一体的反训现象如果存在的话，那么反训之字同时会有相反且矛盾的两种含义，人们在使用文字本义的时候，会引导出相反的矛盾义，因此只有否定反训现象的存在，才能将两种含义包含于文字的训义之中。

严格地讲，话语含义体系的形成是辩证的，就汉字来说，文字体系的形成也是辩证的；文字含义体系的变革同样是辩证的。在文字含义体系的变革中，新的表现方式只有在相同的过程中才能形成。从汉字的含义体系来看，孔子和庄子作为思想家，流传下来的言语与文字也具有思辨性。

76　道 与 德

从外延上看，词语有多义化的趋势；从内涵上看，词义同时还有深化的趋势。这种深化在文字的记录方面有较为明显的体现。作为"以形状表现的语言"，汉字的字形已经固定，但通过对字的形象性理解，词语的内涵仍然可以深化。

"道"不仅有道路的含义，同时还可指代仁义道德一类的实践伦理，后者是这个字内涵的深化，这与行路的"行"又用来指代人们的实践行为是相同的。前文已经谈到，"道"的原义是指当族人携带着异族人的头颅，赶赴未知之地时，在道路上举行的修袚（袪除灾祸）仪式。表现携带头颅这个形态的字是"导（導）"，携带头颅通行之处称为"道"。在金文中，"道"字还没有"道德性的实践"这个用义，在《诗经》中仍然如此，只见有指代道路的用例。

在《书经》中，只有《大禹谟》《洪范》等后世追加的几个篇章中的"道"字才有道德的用义。

将"道"字发展出形而上学的含义，包括"道"指代存在本身以及对存在的认识方法等含义的是庄周一派的哲学。《庄子·天下篇》曾论及诸子的源流，曰："寂寞无形，变化无常。死与？生与？天地并与？神明往与？芒乎，何之？忽乎，何适？万物毕罗，莫足以归。古之道术有在于是者。周闻其风而悦之。"庄子的话语中充满了谬悠（漫无边际的）之说、荒唐之言、无涯之辞，他的话语适宜理解为思想性的语言。他是中国形而上学思维的创始者，常常使用道术一类的词语来表达自己的思想实体，很有意思。不论是"道"还是"术"，其本义都是在道路上进行的巫术行为，并在本义的基础上产生了向着未知领域前行的含义。"道德"之义的出现并不是来源于道路一词，而是来源于道术一词。这个含义的出现，反映了从原始宗教向形而上学的升华。庄周这个人，过去应该是一个在原始宗教世界里冥想的司祭者，关于这点，我想是几无疑问的。

"德"字和"省"字在形义方面有关联，二者都指代用眼睛的咒力来压服恶灵的行为。二者的字形

德 ⊙

◎

省 ⊙

◎

也近似，都以眼睛上方添加巫术装饰来表示，这个字形与操纵媚蛊之术的媚女的形态也相同。"省"在金文中是"省道"的意思，"省道"是指用眼睛的咒力来祛除道路上邪灵的行为。"省"是动词，"德"是名词，他们之间存在着实体与作用的关系，前者是实体行为，后者是该行为产生的作用。西周金文中，有正德、明德、懿德等词，在列国铜器铭文中，也可见"政德"一词，这个词是将"德"字的内涵外延化之后出现的。到了庄子的时代，他说"乘道德而浮游"（《庄子·山木》），"道德"成为通往真实存在的媒介。但庄子的"浮游"应该只是一时的，因为他又说："道德不废，安取仁义。"（《庄子·马蹄》）道德只是通往真实存在的否定性媒介而已。在庄子关于真实存在的思索中，产生了古代的辩证思维，不过，作为固定于象形文字中的"以形状表现的语言"，是如何产生这种辩证思想的呢？

77　永　生

　　生命是有限的，但正因为有限，才有通往无限的可能。所谓"永远"，是超越了死亡之后的状态。关于永生，庄子用"真""仙（僊）"等词来表现。

　　"真"，字形象颠倒（倒地）之人，指代道旁的死者。道旁枉死者之灵充满了嗔恚，因此必须将枉死者置于板屋（殡宫）之内，并填埋于道旁，以镇抚亡灵。这些使枉死者怨灵不再出来为害的行为，叫作镇魂。

　　将这个令人生厌的"真"字用于表示真实存在的世界的是庄子。在庄子以前的文献中没有发现这个"真"字，究其原因，正如刚刚谈到的该字的本义那样，大概是因为这个字用于形容人最为异常的状态，人们厌恶使用这个字。如果在庄子之前的文献中出现了"真"字，并用于指代有着极高觉悟的真人、真知等形而上之意的话，那么赋予"真"字这些意思的人只能是知晓死灵世界含义的宗教者。与主张葬祭的儒家不同，庄子可能属于司祭者阶层，负责天人之际的相关事项。作为山川的祭祀者，他们必须将颠死者（倒地而死之人）加以厚葬。人麻吕对待他所从属的柿本民众也是这个态度。在宗教中人的观念中，枉死者的死意味着向天地本原的回归，通过绝对的否定以实现向永生的转变。

> 古之真人，不知说生，不知恶死；……翛然而往，翛然而来而已矣。不忘其（生命）所始，不求其所终。受而喜之，忘而复之，是之谓不以心捐道，不以人助天。是之谓真人。
>
> ——《庄子·大宗师》

合于道，与天共存灭，即所谓真人。与颠死者相比，真人寻求永生之真谛。在颠死者、真人二者意涵的大转换之中，可以清晰地看到古人的辩证思维。

获得永生的人叫作"仙"，其本字是"僊"。"䙴"的本义是转移死者。失去了灵魂的人叫"鬼"。"䙴"的字形表现的是前后两人扛着一个鬼形之物的形态，大概是将死者从出殡时临时搭建的小房子转移到山间建好的木板房吧。焚烧死者的尸体叫"熛"。"票"指代火中的尸体，加上火字旁构成了字义重复的"熛"字。焚烧尸体之时烟雾随风飘动的形态叫作"飘"。

"迁（遷）"的意思是迁移灵魂，迁移神灵称为"迁（遷）座"。"僊"指代神灵和幻化之物。《说文·二下》记载"迁（遷），登也"，登上高处。《说文·八上》记载"僊，长生僊去"，成为神仙。庄周的学说在后世的道家中得以展开，道家以长生仙（僊）去为最终理想。晋代葛洪曾撰写《抱朴子》，并寻求长生之法，据说得以成为"尸解仙"。所谓"尸解仙"，指的是灵魂脱离肉体，获得自由。其实，正如"真""仙（僊）"等文字所表示的，只有死亡才能获得永生。

78　文字与世界观

东汉许慎著《说文解字》，尝试进行文字的形体
学研究，但当时的古文字资料极不充分，其研究成
果也不令人满意。但是，许慎对自己的文字学解释
十分自信，究其原因，是因为当时的阴阳二元、天
人相应的自然观与他的文字学相一致，文字体系是
自然秩序的外在表现。

《说文》的组织结构，以部首"一"开始，然后
展开为"上""示"等部首，接着从部首"三"开始，
然后展开为"王""玉"等部首，由纲及目地展开，
纲目分明，纲目之下罗列万象，最后以运转天地万
象的十二地支结束。篇首以押韵之词开始，曰："一，
惟初太始，道立（开始）于一，造分天地，化成万物。"
篇末也以这样的韵语结束。整本书有着完整的体系。

元、天、丕、吏四字属于"一"部。这些字的

字形中的"一"都有"道立于一"这种表示根源的含义。"三"，数之名，"天、地、人之道也"。作为道之本体的"一"化成万物，出现了天、地、人。也就是说，"道"出现之后方才形成世界。《说文》是以流溢说①世界观为背景的字说之说。可以认为，《说文》的体系其实是用文字来表现作者世界观的体系。

汉语是单音节语言，每个汉字都以一个字形的形态出现，所以说汉语是"以形状来表现的语言"。从起源开始，汉字就具有单一体（monad）的性质。在这种文字体系中，只要加入些许形而上学的思维，就很容易把握所谓的流溢说了。

所有的汉字都可以划分为意符系列和声符系列。在确定汉字所属的文字系列之时，限定符有着非常大的作用，可以作为文字分类的基础，这也是以部首分类的字典的编辑依据。

《说文》十分重视文字自身的构造原理。以"一"部为例，以"一"为形体素的字非常之多，但"一"部只选择收录了有"一，道也"这个含义的文字。这种选择方法可以称为范畴论方法。《说文》全书的

---

① Emanationism，众生源自一源流溢而成的哲学理论。——译注

结构，都是以这种范畴论方法为基础，依据文字群之间的有机关联来组建的。《说文》之后，宋代郑樵的《六书略》、元代戴侗的《六书故》等著作都沿袭了范畴论方法。宋元时代是受"存在论"影响的时代，"存在论"主张"理一分殊"说，认为有一个作为根源的"理"，这个"理"展开之后就成为天地万物。文字体系和文字学，其实只是这种世界观在文字方面的对应表现，不存在所谓的文字自身思想化的问题。但是，具有"存在论"一类世界观的文字，无论在什么时代都不存在。宋元以降，汉语开始白话化，单一体性质的文字观念急速崩坏。随着汉语的口语化，汉字面临的困难是如何将话语与文字一一对应这个问题，也正是从这个时代开始，简化字逐渐流行开来。

79 复合词

对单音节语言来说，每个字的音节是单一且固定的，因此需要用声调的不同来反映语义的变化，但我们还不清楚古代的声调究竟是怎样的。一般认为，去声在六朝时期才出现，所以，在金文和《诗经》中，常常会有平、上、入三声合韵的现象，声调大概也没有后世这么富于变化。南朝梁代的沈约曾说前代之人不知四声之别。从上古时期开始，人们就创作复合词来扩大语义。

很多情况下，复合词由两个字的音节相连组成。意思相同、相近、相反的文字相连，或者在文字前加上形容词构成的复合词，可以起到强调、扩大、汇集、统一语义的作用，同时也可以将语义概念化，或者用于形容某种状态。这些复合词包括骈字、连文、联绵词等，收录这些复合词的字典有清代康熙敕撰的《骈字类编》以及 1928 年的《联绵字典》等。此外，康熙敕撰的《佩文韵府》一类类似于古辞书形式的著作，除了收集复合词、联绵词之外，还标出了它们的出典。

日语中，用于表示上述语义的复合词很少。日语的复合词很多都是像"朝日""夕星"（启明星）一类的词汇那样，采用"＋形式"，这种复合词很多都是由两个文字的重复叠加组成。道德、神仙这一类的复合词，是同类概念的复合，构成复合词的两个字相互限定，在此基础上形成了新的含义。是非、善恶这一类的复合词，其意思不是相互对立的两者的并立，如"是非"不是指并立着的"是与非"，而是二者作为一个统一体指代超乎于单个含义之上的真实存在。例如，"远近""古今"表现的分别是超乎于远、近、古、今之上的场所性的、通时性的含义。在汉语中，由意思相反的文字构成，并将反义的文字包摄、统一起来的复合词非常多。这种现象的出现可能与二元论思想有关，也可能与辩证思维相关，但不论怎样，这是汉语中特有的复合词构造法，与日本的"＋形式"的直线型复合词完全不同。

周初的金文中，已经出现复合词。如"令簋"

铭文的末尾记载："用飨王逆造（出入），用廄（供食）寮人（同僚），妇子后人永宝。"春秋时期，复合词急速增加。这个时期也是外交辞令层出不穷的时代。齐国铜器"叔夷钟"有近500字的铭文，其中包含了"儆戒、康能（治理）、应受（身受）、君公、勤劳、先旧（惯例）"等19个复合词。精通金文训诂的杨树达曾指出，《左传·成公十二年》中晋国吕相写给秦国的约七百字的书函中，有31个复合词，这些复合词中有很多是"逾越"一类的双声词以及"仇雠"一类的叠韵词。通过复合词的使用，单音节字组成的语言才可能从单调的声调渐变为类似于祝祷词那样的庄重声调吧。从这个意义上说，复合词不仅能扩大语义范围，同时还能带来声调的和谐。王国维的《联绵字谱》一书收录了很多双声叠韵的复合词。

复合词的出现是为了适应语义和声调的客观需求，不过，复合词出现之后，汉语逐渐从古代的巫术语言转变为修辞性的语言。将巫术语言与修辞性语言进行扬弃之后，庄子的文章就出现了，文章同样又是思想。

80 汉语与汉字

从语系上看，汉语属孤立语，不过，春秋战国以降，汉语中的复合词实际上更具优势。《老子》第十八章中记载了有着箴言之风的文字："大道废，有仁义。智慧出，有大伪。六亲不和，有孝慈（孝子）。国家昏乱，有忠臣。"句法结构简单，但包含了很多复合词，通过自相矛盾的词汇来表达恶中有善、尚可救助的世界。复合词，虽然未必适合做思想性的语言，但是，它们对文句的声调的确有帮助作用。从楚辞开始，到汉魏的辞赋文学、乐府、古诗，文句中用到了很多的复合词。在史书中，《汉书》的四字句读文句中，也包含了不少的复合词。到了六朝隋唐时期，全部由四字、六字的对句构成的四六骈俪文更是包含了大量的复合词，比如南齐孔稚圭的《北山移文》、唐代杜牧的《阿房宫赋》等。

复合词在词汇中占据了压倒性的多数之后，反而抬高了单音节词在文句表达上的地位。在诗句的表达方面，单字用法的巧拙，往往左右了诗句整体的表达效果。"高台悲风多"这句诗，象征着曹植后半生的命运，包含了高台、悲风等词，不过，这个"多"字无论如何也不能被拿掉。杜甫的名诗《春望》中的"白头搔更短"一句被认为是俗句，究其原因，不仅是因为人们认为"白头"一词使用不当，还因为人们认为接下来的三个字都是孤立词，但都无法体现诗的意境，故而诗意不满。诗作中有被称作"字眼"的字，它对整篇诗作影响深远。这也是孤立语的修辞特征。

现代汉语已经不是由严密的单音节词构成的了。例如，"上有道，民则为之死"一句的今译是：

上	有道	民	则	为之	死
在上的	不乱来	百姓	就要	替他	拼命

从现代汉语的翻译来看，几乎全部复合语化了。单音节词同音现象严重，难以听懂，是造成这一现象的原因。

以孤立语为主的文脉一旦崩坏，作为孤立语的汉字与思维之间的关系也就不那么重要了。不过，像方块字一样，汉语音节的声调很强烈，给人的印象是有着标语似的表现力。作为传递信息的媒介，汉字的强大力量无与伦比。汉语标语的表现力，从近三十年中国的变动中，可以得到确切的理解。在中国，根据标语，可以划分出不同的政治时期。由此可见，标语大概反映了国家的最高方针，是指引民族前进方向的路标。在学术杂志上，也会用特大号的字体来刊载同一时期的标语和《毛主席语录》。

　　在日本，不知从何处产生的流行语，常常会在此处消失又在彼处浮现，四处飘浮。而在中国，官方不断地用四字标语来彰显数亿人民的团结精神。观察日语的现状和汉字世界的发展情况之后，我开始思考文字的变化莫测的命运。汉字只要不丧失所具有的表现魅力，大概不容易消亡。虽然是一种古老的文字，但汉字本身所拥有的强大的传播信息的作用，并不见于其他语言。不论字形上怎么变改，从记号学上来说，汉字应该一直是最为先进的文字之一。

壬 作为日本国字的汉字

81 汉字传入日本

中国文献传入日本，最早的正式记录是《古事记·应神记》关于从百济传入《论语》和《千字文》的记载。这大约是公元 4 世纪末的事情。但是，在这之前，日本和东亚大陆就有着断断续续的往来。东汉光武帝中元二年（公元 57 年），汉王朝曾赐予倭奴国王使者一方"汉委奴国王"印，其性质与近年来在昆明石寨山遗址出土的"滇王印"相同，都是汉王朝赐予异域国王的，印鉴的造型也相同，都使用了蛇形的抓手。按照国交惯例，接受汉朝印绶的倭奴国王在派遣使者之时，应该会让使者携带文书出行。由此可知，在使用文字之前，日本人已具备关于文字的知识。

迄今为止，日本还有一些刻有纪年铭文的遗物，包括：东大寺山古墓出土的东汉末中平纪年铭文的镶嵌环头大刀；三国魏景初三年（公元239年），倭国女皇卑弥呼的使者陪同带方郡的官员前往魏都洛阳，第二年魏国使者出使倭国，带来的金印和百枚铜镜等物品。岛根县的神原神社古墓出土的三角边缘的神兽镜上有景初三年的铭文，和泉黄金冢古墓出土的平缘铜镜上也有景初三年的纪年铭文。此外，群马县柴崎古墓曾出土正始元年的铜镜，一般认为与这一时期的铜镜也属于同一类。

到了应神天皇时期（公元270—310年），百济曾进献七枝刀，现在藏于奈良县天理市的石上神宫。七枝刀是百济专为进献倭王而作，其上有嵌金铭文，有"泰和四年"等字。从"汉委奴国王"金印的时代到七枝刀的时代，大约经历了三百年。熊本县的江田船山古墓曾出土铁制的有和刻铭文的大刀，是反正天皇时期（公元406—410年）的遗物，约在七枝刀年代之后七十年左右。和歌山县的隅田八幡宫收藏的仿制铜镜，其铸铭有"癸未"二字。关于"癸未"，学术界认为指公元443年或公元503年，这两种观点都较为有力。就日本本土制作的古器铭文来说，和刻铭文大刀和癸未仿制铜镜年代较早，大约是5世纪后半期制作的，当时应该出现了铭文一类的文章。从这些铭文来看，出现了文字配置错误以及左向书写的情况，说明当时日本的汉字记录方式，仍然非常不成熟。

　　刚刚谈到的和刻铭文大刀，其铭文中有近似于万叶假名①的用法，如"在意柴沙加　宫時"一句，另外，"男弟王"可以读作"をおと"，"开中费直"

图-31　**药师佛造像记铭**　日本最古老的金文

　①　在汉字刚传入日本时，假名尚未出现，日本人选用数十个汉字
　　　表来表音，就是万叶假名；而后他们对这些表音用汉字作了
　　　简写，以区别于表意用汉字，就形成了今天的假名。《万叶集》
　　　是使用万叶假名最有名的例子。——译注

可以读为"かふちのあたい"，这些汉文形式的文句都可以用日语读出。从很早开始，朝鲜南部似乎就通行汉字音训法，百济也有汉字训读法。与日本的万叶假名接近的朝鲜的"吏读"资料，见于高句丽城墙石刻文的第一石（年代为公元 566 年），而公元 6 世纪后半期之后，真正的汉文资料和吏读资料在朝鲜半岛并存，且数量都不少。百济的圣明王将佛教和佛典传入了日本，到了公元六世纪末的推古天皇时代，日本也实施了振兴佛教的政策。推古时代的遗文以造像记一类居多，比如《药师佛造像记》（公元 607 年）记载的"池边大宫治天下天皇大御身劳赐"一句，读作"池邊の大宮に天の下しらしめししすめらみことの大御身いたつき賜へりしとき"（在池边大宫治理天下的天皇大御身劳赐），很明显，这是可以训读为日语的汉文体文句。

82　万叶假名

推古时期的遗文都是类似于造像记这样的，这些资料并不足以反映当时实际的文字水平。如果只依靠《三经义疏》这部被认为是圣德太子所撰的著作来分析当时的文字水平，也差之过远。最近在敦煌发现了《三经义疏》成系统的写本，由之可知写作这部书时参考的原本其实是从中国传入的。不过，从圣德太子讲经，推古末年《天皇记》《国记》的编纂，从百济传入日本的数量众多的汉文典籍，以及这一时期与隋王朝进行国交等方面都可以看出当时的日本文字记录水平进步很大。推古三十年（公元622年），圣德太子去世，这一年出现的《释迦佛造像记》是一篇近两百字的文章。

太子薨后五十年，发生了壬申之乱（公元672年）。

从这一年开始，到以大伴家持①的新年飨宴歌为结束标志的太平宝字三年（公元 759 年），共约九十年，是真正的万叶时代。这是汉字日语化的时代，汉字真正地成了能够自由使用的日语，有着固定的表现形式。除去这个时代初期的一些有传说性质的作品，持统时期之后的诗歌，很多都是对原歌的原始记录。当然，汉文和读的记录方法从兴盛到普及，需要相当长的时间。从遗物上看，飞鸟时代（公元 592—710 年）只有一些陶器上的墨书留存了下来，不过从《古事记》《日本书纪》《风土记》等书目的编纂来看，汉文和读的记录方法，当时几近完成了。

从推古时期的遗文可以看出，人们在记录固有名词时，使用了一字一音的记录方式。除此之外，还有短歌记录方式，是一种变体。《万叶集》卷五中收录的在大伴旅人②府邸创作的《梅花歌》以及包含有汉文前序的《松浦河之歌》、卷十四的东歌、卷十五的《新罗使人之歌》、卷十七中的《防人歌》

① 大伴家持（718—785），日本奈良时代的政治家、诗人。日本最早和歌集《万叶集》的主要编者，也是该歌集收录作品最多的诗人。——译注
② 大伴旅人（665—731），日本奈良时代初期的政治家、诗人。大伴家持之父。——译注

等，都采用了短歌记录方式。也许为了与汉诗文共存，这些短歌在形式上有所顾虑，有具体的字数规定。有些短歌的作者没有记录自己的创作，只是暂时用汉字转写下来。被认为是最早的圣德太子传纪的《上宫圣德法王帝说》中所引用的歌谣，可能都采用了一字一音的记录方式。

《法王帝说》所使用的假名中，有一些是推古时期特有的，代表了汉字的古音，如巷宜（そが）、巷奇（そが）、奇斯岐移（かしきや）、久波俦（くはた）、等已（とよ）、比里（ひろ），等等，这些假名较为古老，出现于假名的形成期。一字一音的记录法类似于用一个罗马字母来记录一个音节的记录法。一般谈到万叶假名之时，人们习惯认为都使用一字一音的记录形式，其实这种观点不正确，因为一字一音并不是万叶的记录原则。

一字一音的记录形式，原本与《万叶集》这种创作诗歌的记录形式是有区别的，用于记录那些不具有自我表记方法的内容。在使用汉字训义的过程中，加入一些音假名，从原则上讲，这种使用方式才是万叶记录法。这种记录法是十分成功的汉字日语化的成果，不能将其视作一种朴素的文字记录法。《万叶集》中诗歌的作者，显然已经超越了将万叶假名作为记录手段这个层次，他们的记录法中包含了高度的表现意识。

83 诗歌与表记

　　《万叶集》是日本人使用汉字来记录诗歌的首次
尝试，从中可以看出日本人们对汉字所采取的接受
方式。作为日语记录的唯一方式，人们并未像后世
使用罗马字那样，而是将汉字的各种特性消化吸收，
使其为日语所用，逐渐发展出诗歌那样的表现方式。
从这个意义上说，一字一音的记录方式当时正在为
人们所抛弃。只有古代歌谣和《防人歌》之类，在
作者没有可以选择的表现形式之时，才采用一字一
音的记录方式。从《万叶集》来看，其中大部分的
记录方式可能都是作者自己选择的。从这些记录方
式来看，很多有着鲜明的个性特征，如人麻吕式、
忆良式、家持式记录法等。记录方式的个性化也成
了诗歌的一部分。

　　将流传的诗歌用音训的形式记录下来，大概是

最为普通的记录方法了。《万叶集》卷二收录的《盘姬皇后之歌》，有两种书写方式：

　　　　君之行　气长成奴　山多都弥　迎加将行
待尔可将待

　　　　君之行　气长久成奴　山多豆乃　迎乎将
往　待尔者不待

　　前一首歌载于忆良的《类聚歌林》，意思是："君行日已久，不识几时归。欲待无从待，出迎又觉非。"后一首歌的后半句，大概是编者将《古事记》下卷所记载的"欲待无从待，往迎又隔山"这句记录下来，有意识地添加了个别字而成。其中的"迎乎"等词包含了感情的表达，与汉文的用字法有几分相近。

　　人麻吕的诗歌，有很多采用极其简略的记录法，比如使用略体、省略助词等，《万叶集》卷十一、十二所收的《人麻吕歌集》中的诗歌都是这样的。不过，人麻吕所作之歌未必都很简略，以《过近江荒都时所作歌》（《万叶集·卷二九·三一》）为例，从歌中使用的异文可以看出一些现象，这首歌包含了两首"反歌"①：

ささなみの　しがのからさき　さきくあれど　おほみやびとの
樂浪之　思賀乃辛碕　雖幸有　大宮人之

ふねまちかねつ
船麻知兼津

——《万叶集·卷一·三〇》

志贺辛碕港，涟漪似昔年。岸边虽待久，不见官人船。

ささなみの　しがのおほわだ　よどむとも
左散難彌乃　志我能大和太　與杼六友

むかしのひとに　またもあはめやも
昔　人二　亦母相目八毛

——《万叶集·卷一·三一》

志贺微波水，迴流大曲边。昔时人不见，欲见也徒然。

表记中出现的"ささなみの、しがの"是特意添加进去的。不过，人麻吕的诗歌中，还有一些简体记录的方式，如：

ひむかしの　のにかぎろひの　たつみえて　かへりみすれば
東　野炎　立所見而　反見為者

つきかたぶきぬ
月西渡

——《万叶集·卷一·四八》

---

① 反歌指附在长歌之后，以短歌形式，集中地再次讽咏长歌的主
要内容的诗歌。——译注

292

东野曙光现，东方露彩霞。回头西向望，月已向西斜。

　　其特征是有一些像"所见而"这样的汉文语法记录方式。这首诗用的几乎都是汉字的本训，末句中的"月西渡"，给人以强烈的空间印象感。这首诗没有一个无用之字，反映了人麻吕尝试进行有深刻表现力的记录方式。

　　《万叶集》卷十一收录的《人麻吕歌集》共149首诗歌，以及卷十二收录的23首诗歌，记录形式简略，都被称为"略体"。有些观点认为这些诗歌都是人麻吕自己创作并记录的，这种说法不恰当，因为其中还包含了"旋头歌"（和歌的一种）和问答歌，这些分类法都是人麻吕之后才出现的，所以说这些诗歌都是由特定集团集录而成的，并非人麻吕本人记录的。因此，所谓的"略体"，也应该是特定群体内部的记录方法。

84　忆良的样式

　　《万叶》记录法中包含了多种类别：就表意的方法而言，有字音语，如"恶鬼""法师"等；有一字训，如"山""川"等；有熟字训，如"织女""健男"等；有义训，如"金风""朝乌"等。就表音的方法而言，除了"阿""伊"之外，还有略音，如"安吉"；有复合音节记录法，如"印南""宿弥"；有训假名，如"云谷裳"；还有所谓的戏训，如"十六自物"等。文字音训的使用，让人感觉到仿佛是在做智力游戏，这是深爱汉文典籍时期的一大特征。平安前期的小野篁、三善清行，以及时代稍后的源顺[①]等人写作过很多嘲世的诗文，江户时期盛行的诗文主旨也以嘲世居多。到了明治初年，

---

①　源顺（911—983），字具济，日本村上天皇天历年间人，通晓和歌诗文。——译注

成岛柳北①通过他的戏作文章来嘲骂新政府。以上所有这些在表现、记录方面的异常行为，其实都是强烈的自我主张外化的表现。以今天的话来说，大概就是无视内阁告示的表现吧。

高木市之助博士的《贫穷问答歌论》（岩波书店1974年刊行），从文学论的角度对用字法的意义进行了深入研究，指出要重视用字法的意义。

山上忆良的《贫穷问答歌》（《万叶集·卷五·八九二》），在文学情感方面独树一帜，在用语方面使用非雅言结构的特异用语，在结构方面摆脱了长歌形式的限制，采用问答两段式，在用字方面偏好使用孤语②和爱语③，通过这些方面作者实现了对咏唱对象的真实描述，也反映了这首诗所具有的现实性的构造。人麻吕喜爱使用的枕词④，在这首长歌中一句也没有出现，不过，歌中使用了一些近似的状态性的表述用语，如"ぬえ鳥の"以及接下

---

① 成岛柳北（1837—1884），江户（今东京）人，柳北家世代为幕府儒官，他本人自幼熟习儒家典籍，曾为幕府将军德川家茂的侍读。——译注

② 《万叶集》中仅见一次的用语。——译注

③ 《万叶集》中作者喜好并频繁使用的用语。——译注

④ 和歌中冠在某词前，用以修饰该词或调整语调的词。——译注

來的"のどよひ居るに"，前者应该理解为"ぬえ鳥なす"。①这首歌中没有使用任何的修辞形式和惯用语法，为了证实这个现象，高木博士对山上忆良作品中的孤语，即仅出现一次的用语，以及作品中最常使用的爱语，即偏好使用的用语，进行了细致的统计，并运用统计学的方法调查这些用语在《万叶集》的语汇中所占据的位置，通过对这些用语的逐一分析证实了这个观点。这近似于现代的统计语言学方法，或者可以认为这是对统计学最为正确的应用。现代的统计学主要以公布之后的数据为研究对象，例如，要研究大海中鱼类的生态状况，不会到大海中进行测量，取而代之的是以养鱼场饲养的鱼类为统计对象。

忆良的诗歌，未必可以说是成功的杰作，在我国的文学史上也并不居于正统的地位。他对孤语和爱语的偏执，也是无人能与之匹敌的。不过，与《万叶集》中任何的歌者相比，忆良的诗歌更具人性，人间疾苦都集结于他的作品之中了，正如高木博士所说的："他的作品是理性与情感的结合，是学问

---

① 这两个用语的意思是：不是能飞鸟，何能到处飞。——译注

中应具备的智力要素和作为人的情感要素的相互统和。"（《贫穷问答歌论》，第 111 页）这才是成功的文学作品最应具备的条件。不少人认为忆良是个具有非日本式的歌人，因为很难确定他的文学创作在日本的传统文学中应该居于什么位置。从文学角度来说，这种观点真的让人觉得很可悲。

85　日本汉文

　　平安时代前期是日本汉文学首次繁荣的时期，出现了以《凌云集》《文华秀丽集》《经国集》等为代表的著作，是一个作家辈出的时代，名家的私人文集也大量涌现。接着，从嵯峨天皇弘仁年间到后一条天皇长元年间，在这个经历了十七代天皇共约二百年的时间内，文辞郁郁然，作品很多，最终编汇而成文学总集《本朝文萃》，流传至今。对日本来说，这个时期真是文学的体验和修炼期，出现了一些大部头的字书，包括空海的《篆隶万象名义》、昌住的《新撰字镜》、源顺的《倭名类聚抄》等，此外还有入唐僧人所写的入唐行纪和求取佛法的巡礼行纪一类的作品。

　　不过，从与日本文学的相关性来看，较之模仿唐风而撰写的"纯诗文"，所谓"日本汉文"这种特殊的充满了和风的文章有着更多的问题。在这个唐风极盛的时期，日本汉文虽然摆脱了日语的限制，但同时又形成了日语文脉，并将现代日语文脉以文言的形式固定了下来。以《日本灵异记》为例，这部书原撰于公元787年左右，在公元828年左右增补，其文体为日本汉文，在每一个篇章末尾都添加了很多的和训音义。在上卷部分，有"狐为妻令生子缘第二"（以狐为妻并生子之因缘，第二），是一篇与唐代传奇小说《任氏》和日本"御伽草子"之"木幡狐"较为类似的故事。其内容如下：

> 昔钦明天皇御世，三野国大野郡人，应为妻觅好娘，乘路而行。时旷野中，遇于姝女。其女媚壮驯睇之。壮睇之言，何行稚娘之。答言，将觅能缘而行女也。壮亦请言，成我妻耶。女答言，听。即将于家，交通相住。

这段故事是讲在古代的钦明天皇之世，三野国大野郡之人为了寻觅可以做妻子的意中人，就出门上路了。有一次他在旷野之中，遇到了一位美丽的女子。女子献媚并接近男子，男子也盯着她看，并问道："小娘子为何出门？"女子答曰："我出门为寻觅有缘人。"男子又说道："可为我妻？"女子答曰："愿听君命。"男子遂带女子回家，女子嫁给了男子并一同居住。

接下来的故事是狐妻来到男子家之后，家中所饲之犬狂吠不已，为了避开恶犬，二人在夜里秘密相会。每到相会之时，男子呼唤女子"岐都禰"（きつね），意思是"过来就寝"，后来人们以"きつね"来称呼狐狸。《日本灵异记》全书的训注数量超过 1200 个。这种训注的方法大概是从佛典中学习得来的，佛典中多带有训注来标示音义。如这本书所体现的，在通俗文学的土壤之中，汉字音训也逐渐地发展起来。

这个幽默的故事讲到，因为夜间"过来就寝"（きつね）而演化为"狐"字的发音，非常有趣，除此之外，同一类的幽默故事还见于《竹取物语》和《土佐日记》。这些幽默的话语和显而易见的虚构情节之所以深受一般民众的喜爱，大概是因为它们都产生于普通民众的日常生活。《古今集》所见的主人公的机智，也是汉诗文世界中所没有的。这些带有故事性质的反映民众生活的内容，可能是经由生活在底层的歌人们的传唱，最后进入了和歌的世界。《万叶集》用字法中所见的"戏训"等，或许也与这一类的幽默故事相关。平安后期的散文，可以认为是平安前期汉文学的延伸，不过，将其归入日本汉文系统更为合适，因为当时的散文精神是属于后者的。《将门记》中的文章很多都采用了四六文（骈体）式文体，并从中发展出《平家物语》这样的战争文学。

86 训读法

平安前期的汉诗文作者，曾多次努力根据"直读法"来创作与中国诗义接近的作品，但是，这些作品或多或少都还会带一些所谓的"和习"，即日本的习惯。这一时期，入唐者归国之时带回了数量庞大的汉文典籍。到了贞观十七年[①]，由于宫中的秘阁冷泉院起火，历代累积的藏书损失殆尽，天皇下令将重新收集得来的图书进行编目，编成《日本国见在书目》，共记录图书 1579 部，17345 卷。在学习这些图书之时，大概都采取了训读法，在音读词汇之外加入训读词，构成了所谓的"文选读"，这种方法十分通行。林罗山[②]在汉文典籍中所加的

[①] 日本清和天皇年号，即公元 875 年。——译注

[②] 林罗山（1583—1657），京都人，日本江户时代的儒学家。本名信胜，号罗山，出家后法号道春。标点并出版了大量中国书籍，如《大学抄》《大学解》《论语解》等。——译注

训点①，即所谓的"道春点"，就采用了新式的"文选读"的形式。以《诗经·关雎》篇之首章为例：

関々トヤハラギナケル雎 鳩ノミサゴハ河
ノ洲ニアリ
窈窕トシヅカニタダシキ淑女ノヲトメハ
君子ウマヒトノ好逑ノヨキタグヒナリ

在这里，既标示了字音又添加了训义，这是当时人们初学外语时采用的方法。堂上家②的读法与之不同，仍然是普通的训读法。室町时期的博士清原宣贤的讲义本《毛诗抄》，大约在"道春点"出现之前一百年写成，其中关于《关雎》首章的读法是：

関々たる雎鳩
河の洲に在り
窈窕の淑女
君子の好き逑なり

---

① 日本人读汉文时注在汉字旁或下方的日文字母及标点符号。——译注
② 日本平安时代中期开始有升殿制，院政时期公卿若准许升殿（入朝议政）的叫作堂上家，否则叫地下家。——译注

山崎闇斋的"闇斋点"采用的是这种读法。

为和汉诗文提供相互接近机会的，不是训读法，而是朗诵咏唱诗文之风的盛行。这一风潮，是在深受"文章经国"这种理念支配的弘仁、承和时期的作者凋落之后出现的。在这一时期，菅原道真曾编撰《新撰万叶集》，将汉诗与和歌并列收录；凡河内躬恒①所撰的《躬恒集》，也将晚秋游览之时所作的汉诗与和歌放在一起。此外，与藤原道长时代相同的藤原公任，编有《和汉朗咏集》，选取了很多白居易的诗句，这些诗句最为符合和汉融和的时风。在这部诗集中收录的431句七言二句诗中，白居易的诗占了三分之一。白诗之中有很多缺乏诗作严肃性的俗句，这些诗句虽然有"白俗"之称，却非常适合朗诵。日本弘仁时期的诗人，除了小野篁，其他所有人的作品都没有收入这部诗集。

诗文的朗诵，采用的是非常日语化的读法。白乐天和元稹的诗作中，有很多适合加注释和训来朗读。例如：

---

① 凡河内躬恒（约859—约925），日本和歌家，三十六歌仙之一。与纪贯之等共编《古今和歌集》。——译注

トモシビヲソムケテハトモニアハレムシンヤノツキ
背　烛　共　怜　深　夜　月

ハナヲフムデハオナジクヲシムセウネンノハル
踏　花　同　惜　少　年　春

—— 白居易《春夜》

コレハナノナカニヒトヘニキクヲアイスルノミニアラズ
不　是　花　中　偏　爱　菊

コノハナヒラケテノチサラニハナノナケレバナリ
此　花　开　尽　更　无　花

—— 元稹《菊》

当时，《元白集》《元白诗笔》等诗集也传入了日本，大概也成了宫廷中人的玩赏对象。朗诵的诗句都可以加上乐谱来歌唱。关于菅原道真“东行西行云渺渺，二月三月日迟迟”这两句诗的读法，根据《江谈抄》所记，有人在向北野天满宫①的菅公之灵祈愿时，菅公之灵告诉他要这样训读：

トサマニ行キ　カウサマニ行キ　雲ハルぐ　キサラギヤヨヒ　日ウラく

当然，《江谈抄》这部书所记载的故事最初多是市井俗说，大概是因为这种读法符合当时的朗诵

---

① 供奉菅原道真的神社。——译注

方式，人们期待这样来朗诵，所以才托菅公之名吧。此外,陶渊明的"归去来兮"读为"カヘンナンイザ"，据说也是菅公告诉祈愿者的。经过长期的发展，汉诗文的训读法逐渐融入了日语的语脉之中，训读文也成为日语的重要组成部分。

87　散文的形式

使用汉字来转写日语之时，要想忠实于日语的语法、语脉，只能采用宣命和祝词所使用的形式。一般认为，将形式语用小字书写的方法，大概是来源于吏读。吏读，指的是用音假名来标示助词，并将音假名添加在所阅读的内容之中的阅读方法，例如："天地之間，萬物眾崖唯人伊最貴為尼"。其中的"伊"，与"木乃關守伊"（《万叶集·卷四·五四五》）中日本古代用于提示主格的"い"或许相关。宣命和祝词很多都与吏读形式十分接近，宣命之例有：

贵支高支廣支厚支大命乎受賜利恐坐氏——《文武元》

受賜于贵、高、广、厚的大命，非常惶恐。

祝词之例有：

　　如此所聞食_{氏波}皇御孫之命乃朝廷_平始_氐天
下四方國_{爾波}罪_止云布罪_波不在_止——《大祓词》

一般认为在持统时期已经成书的《高桥氏文》中有
这样的记载：

　　取日影_天為縵，以蒲葉_天美頭良_平卷_十採麻佐
氣葛_弓多須岐_仁加氣

　　取日影为缦，以蒲叶卷成美头良，采麻佐气之葛，
置之于多须岐

显然，这里面掺杂了一些汉文的语法。在《古事记》
《日本书纪》之后的文献之中，依据汉文的语法进行
撰写已经成为主流。这说明在《古事记》《日本书纪》
的时代，训读法已经完全形成了。

　　使用小字体的音假名来标示形式语的形式，到
了平安末期，在被认为是笔录佛教徒讲法内容的《打
闻集》《今昔物语》一类的故事集中，也以片假名双
记的形式出现，比如：

昔唐ノ王，大堂ヲ造テ佛ヲ種々ニ造顯タマフテ

我ハ賢キワサシタリ有智ノ僧ニ見セテ尊トカラレムト思

シテ。

《今昔物语》也是这一文体，表记方式也相同。这种
训读法采用的是添加假名的方式。

　　所谓"日本汉文"，使用汉文的形式，但其语
脉仍然是日语的。日本汉文的正文与阅读方法之间，
是所谓的"真名本"（汉文）和"假名本"（日文）的
关系。《将门记》等著作，就是较为古老的日本汉文。

　　　　将门所念，啻斯而已。……同者始八国至
　　王城，永欲虏领王城，今须先夺诸国之印锰，
　　一向受领之限，追上于官都，然则且掌入八国，
　　且腰付万民者。

　　这一段的意思是：将门仍然念念不忘的，只是
这个了。……自八国来到京城，都想永远地占领它。
现在必须先夺取各国的印锰，剥夺各国权限，前往
各国都城追击，擒获八国首领，因为万民生命均系

于一身了。

接着记载的是"本议已讫",然后率领手下的兵士首先向下野国进发,"各骑如龙之马,皆率如云之从也。扬鞭催蹄,将越万里之坂;心勇神奢,欲胜十万之军"。这一部分的记载,采用了四六骈文的文体。将这样的修辞手法移入日文文脉之中的,还有《平家物语》一类的著作,其中使用的七五调①就是由四六骈文发展而来的。不久便是一个布道僧侣活跃的时代,佛教通过唱导来布教,与民间的歌谣相互影响。

------

① 前半句七个音节,后半句五个音节。——译注

88 日文的文脉

　　无论是日文向汉文靠近，还是汉文向日文靠近，其共同的结果是二者朝着同一种文体发展。在汉文、日文相互靠近的文体发展背景下，《古今集》的序言包括了用汉文书写的真名序及假名序，而假名序一般认为是真名序的译本。这一时期还产生了汉诗、和歌共存的文体形式。

　　在汉诗、和歌共同朗诵之风盛行的背景下，虽然两种诗歌的形式有所不同，但二者都力图用诗来表现人们的情感世界，在这一点上是共通的；同时，由于日语在情感表达方面十分丰富，受其影响，汉字的运用和表达也有日语化的倾向，这可称作汉诗文的和式化。这种现象不仅见于历史著作与故事性文献，也见于文学用语。人们朗诵的汉文诗句中，有很多近似于形式不固定的和歌。

《古今集》中有真名序和假名序，《和汉朗咏集》中诗、歌共存，《十列历》和《枕草子》之间有着特殊的关系，综合考虑这些方面，就不会觉得汉文化流行，以及所有的作品都以真名本的形式出现是一件不可思议的事情了。一般认为，《伊势物语》的真名本形成于南北朝之前，而在同时，《方丈记》的真名本也已经存在了。《方丈记》是仿效平安中期文人庆滋保胤①的《池亭记》写成的，其文体全用和语，文脉流畅，比如这一段："河水流动不绝，却没有一滴是旧时之水。淤水处漂浮着的水泡转瞬即逝，从不久留。世间的人儿和居所啊，正如这流水一般。"这段文字虽然用和语写成，而且非常流畅，但仍然可以按其原文转写为汉文形式。这段出自《十抄训》篇首的句子，其实是根据《文选》所收录的陆机的《叹逝赋》写成的，陆机的原文是："川阅水以成川，水滔滔而日度。世阅人而为世，人冉冉而行暮。"毫无疑问，和文的结构形成与汉文的文脉息息相关。

---

① 庆滋保胤（933—1002），日本平安时代文人、汉学家，著有《池亭记》《日本往生极乐记》。——译注

89 关于"文语"

在日本，除了近世的抄物（口语体的讲义笔录）
和江户时期的市井文学，几乎所有书写下来的文字
作品都已经文章化了。这些作品的样式依据时代、
体裁的不同而各有差异，有的时代主要包括男性的
汉文学和女性的物语文学，有的时代主要包括和语
居多的《大镜》一类的被称作"镜"的史书，以及
多用汉文的战争作品，还有说话文学等，所有这些
不同时代、不同类型的作品融合之后，产生了一种
应该叫作"文语"的文体。与近世以后的口语语系
相比，文语在日语中居于正统地位。人们一般将它
称为"和汉混杂文"，但这个称呼只是对这种文体外
在形式的片面反映，并不全面，仍应以"文语"这
个称呼为当。"文语"的书写、行文方式以达意为主，
比如慈圆所作的具有史论性质的《愚管抄》、北畠亲

房的《神皇正统记》，以及稍晚一些的新井白石的《读史余论》等都是这种文体的作品。这一时期还有很多记录体的日记类作品，其中保存了丰富的生活用语。另外，在文章的发展史方面，道元的《正法眼藏》等宗教性质的文章，包含了很多特殊的用法、词汇，展现了在日语表现力方面的成就。

上述这些文语形成时期的作品，具有词语丰富、语形简约、语法整齐、节奏感紧张等特征，且这些特征贯穿于整个作品。究其原因，当与文章中包含的众多汉字有关。将文语作品与近世国学者流所谓的"雅文"相比较，其不同之处相当明显。近世的雅文并非文语，而是一种复古性质的拟古文。雅文拒绝使用汉字，其文章可被视为无构造性、非可塑性的典型。

江户时期，语言的阶层分化更加明显。普通民众的用语更加口语化；在士人社会中，修习汉籍已成为一种普遍的教养内容；还有一部分反对汉籍的国学者流，执着于近似于死语的雅语和拟古文。在这种复杂的背景下，人们期待能创造出新的文体形式。

继承了明代李攀龙一派古文辞学的荻生徂徕，

否定了日本长久以来的汉文训读法，主张在进入古典文献的学习之时，采用"唐音直读法"，他同时呼吁诗文的写作摆脱本土的和式习惯。不过，批判者指出，徂徕一派创作的诗文也有很多带有和风。其实，徂徕一派的作品只是在技巧上模仿汉人，并未全盘地按照汉籍标准写作。当时，汉字已经融入日语的血脉之中，同时，经由汉字这个媒介，中国的文学和思想也已经成为日语的一部分，关键问题在于，如何从日语中摄取汉字和中国的文学及思想，并将其转化为新鲜的血液。这种转化不是简单的模仿，而是从国语之中寻求到可以重新造血之处。在这种背景下，江户时期和文发展不畅，人们尝试以文学作为突破口，可资列举的有松尾芭蕉、与谢芜村等人的作品。不过，同时期有限的几部思想性著作，包括三浦梅园的《玄语》、安藤昌益的《统道真传》、富永仲基的《出定后语》等，都是非常接近汉文体的作品，由此可知，用于写作思想性文章的文语还没有完全形成。

90 现代的文章

为了与之前的文语文相区别，明治之后的文语文称为"普通文"。这一时期，雅文系统的和语消失了，依据汉文训读产生了不少惯用读法，许多与汉文接近的语法也更改为日语语法。随着新的知识体系的建立，出现了很多与新知识相对应的汉字语汇，同时，日语中还加入了一些欧洲语言的语脉、语法。在这种背景下所产生的文体与以往的文体差异很大。这种文体在教科书等书籍中使用，逐渐得以普及，成为国民通用的文章样式。

明治新政府制定了很多急切摄取西欧文化的政策，这些政策要求将西欧所有领域的知识和技术都导入日本，因此，有大量的语汇需要翻译成汉字，直至今日，这些翻译过来的语汇很多仍然在使用。瑞典的语言学家高本汉曾说，如果在明治维新时期，日本没有将外国语用汉字翻译，而是根据外语的发音直接用片假名来转写的话，那么日本的国字问题可能早就解决了。其实，这大概只能算是欧洲人一厢情愿的想法吧，因为对欧洲语言来说，可以按照本国的语言结构直接吸纳外语词汇，但对于语系与西方完全不同的日本来说，这种做法是不适用的。汉字的日语化需要经历很长的时期。对于高本汉这样的汉语研究者来说，汉字可能只是一种具有一定异质的文字。但是，今天的日语中，在一些领域由片假名书写的词汇已经凌驾于汉字词汇之上，这就是限制汉字的结果。

无论是语言还是文字，其自身都有自律性的生存方式和运动法则。汉字与假名、汉语与和语，有时相互排斥，有时相互妥协，这种排斥、妥协的过程就构成了日本的语言史、文章史，也因此在不同时期留下了各不相同的文体样式。明治之后，普通文的形成、言文一致运动的开展，以及现代话语的丰富和现代文章的书写，使得大正至昭和年间，除了一些特殊的保守文章和左翼论文外，其他所有的方面都显现出了可喜的发展过程。从谷崎润一郎的《文章读本》到丸古才一①的《文章读本》，所出版的数种文章读本都表现出非常明显的这一发展倾向。就现代文章来说，其自律式的自我运动非常值得信赖。

语言的历史是一部流动的发展史，要将所有的语言用字情况都列出来制成用字表，当然是不可能的。日本政府发布的关于用字的内阁告示，每次改定都会平添用字的混乱，反而丧失权威，成为笑柄。当报纸上频繁地报道自行车竞赛中出现的"八百长"②一词时，政府就在告示的新音训表之附表中加入"八百长"。接着，又将"八百屋"③一词列入其中。不过，即使音训表中没有"八百屋"一词，购物的家庭主妇们也不会看不懂这个词。可是，在使用汉字时，每次都要根据音训表来确定是否有音训，十分烦琐，如果只使用文字的话，就可以去除这些烦琐的问题。在现在这个狭小的被许可的语言范围内，与那些在其他各个时代中以卓越的个性表

---

① 丸古才一（1925—2012），毕业于东京大学英语系，日本小说家、文学评论家。——译注
② 日语中指事先串通的作假比赛。——译注
③ 日本的蔬菜水果商店。——译注

现而获得成就的人相比，我们很难期待能有什么重大的创造。这一切的一切，都源于一个根本性的错误认识，那就是认为汉字是外借而来的。

癸

汉字的问题

91 绿之札

　　这大概是 1930 年或 1931 年的事情了。当时，《朝日新闻》的夕刊部分，连载了一部名为《绿之札》的描写未来的小说，小说描绘了五十年之后的社会。这是一部悬赏小说的应征作品。作品的主人公是一位泛太平洋航空株式会社的女社长，事业心非常强。故事的梗概是：她的儿子是一位热衷于挑战生命奥秘的青年科学家，他以自己的爱人为实验对象，却让爱人在实验台上陷入了假死状态，借助恩师的帮助才脱离危险。当公司的大型客机在海洋上遭遇风暴和雷击而不幸坠落后，女社长的事业也随之失败了。这位从不关心家庭事务的女性，开始思考人类的爱情。距小说发表已过去几十年，不过，如果小说所描写的事情发生在今天，大概没有人会觉得不可思议。

勾起我对这个故事回忆的是，其中人物的对话几乎都用像电报一样的片假名书写，这种书写使语言丧失了应有的自然风格，成了近似于符号的东西。这种怪异的书写方式引起我的特别注意。当时，我正在思考应该如何看待日本和中国古代文化的问题，看到小说中出现的用片假名书写的会话，一股莫名的忧虑涌上心头，因为当时日本人的汉文典籍素养正在急速地下降，想到这个情况，总觉得数年之后日本有可能出现小说中描绘的现象。这部小说所描绘的未来，现今正在成为现实。根据研究者的分析，最近数年日语汉字的减少速度正在加快，也许不久的将来日语中汉字真的无法逃脱消亡的命运。研究者指出，现在书写过程中汉字和假名的比率有逆转的倾向，前者减少，后者增多。或许以后真的会出现高本汉所说的全部用假名书写的状态。

　　假名和罗马字到底是不是文字呢？也许有人认为对话语的记录都可以成为文字，但是假名和罗马字并不是对话语的记录。例如，"本"和"book"都是话语，但"ホン"和"hon"只是"本"（即"书"）的发音，本身不是词汇，因为它们不具有作为词汇必备的特定形态。艾伦称汉字是"以形状表现的语言",这种称法带有一些轻蔑的意味,但是就汉字而言,若没有形态,真的就不是语言了。

现在的大学规模庞大,学生数量众多,为了方便电脑系统的操作,学校采用编列序号和假名的方式来管理学生。常用的学生点名册也采用了这一形式。只要一直使用这个点名册,就永远不会将学生的形象和他们的名字联系起来。这样的话,就难免会产生像《丢失影子的男子》中所描绘的奇妙的空虚感,甚至产生让人困惑的、连失去影子的形体都不存在了的抽象的空虚感。在假名的世界里,正在支配人们的也许是连影子都没有的文字空间。

92 音与训

音训表规定了可以通用的音读与训读，在此之外的用法都不被认可。我们来看最初公布的表，其中很多是只有音读而无训读的字，例如：

亡 円 文 功 司 圧 奴 巨 弁 号 伐 兆 列 匠
吉 壮 在 地 如 朱 毎 佐 克 却 完 対 応 技
究 邦 体 京 例 併 具 到 効 卒 周 垂 奔 委
宗 宣 屈 往 怖 抽 拍 易 昇 武 殴 英 附 非

以上所列的字都在八画之内，其中有些是可以使用训读的，但音训表中却未列出。其实，在使用音读之外，至少应该让人们了解它们的训读。音读不是原汁原味的日语。以"亡"字为例，当它构成"逃亡""死亡"之时，才成为词汇。根据相关的同义词，以及"亡国""亡灵"等修饰关系的词语，可以确定"亡"的字义。由这些词汇可知，"亡"与日语中的"逃げる"（逃亡）、"失しなう"（失去）等词的意思相当。一个字只要有训读，就可以被称为日本国字，而一字一音式的音读本来并不是日语的记录方法。《万叶集》《古事记》《日本书纪》等文献中所书写的汉字的训读，将汉字作为语句的一部分，有血有肉，非常生动。没有训读的文字都未日语化，不属于日语的范围。音训表之所以倾向于罗列以音为主的用义，就是因为政府想尽可能地将汉字排除出日语的范围。①

日本古代的字书类著作，从产生之初就是以训读为主的。平安末期的入门辞书《色叶字类抄》中，训读为"イタル"（至る）的词有 85 个，训读为"ミル"（見る）的词有 56 个，连训读为"カヘリミル"（顧みる）的词都多达 15 个。只有通过训读汉字才能逐渐地日语化，人们才容易掌握汉字的真正含义。没有训读的字仅仅是一个记号而已。削减汉字的训

---

① 上文所列的 56 个字中，有 17 个字在日本政府后来公布的《常用汉字表》中添加了部分训读。——译注

读并不意味着会减轻民众的学习负担，反而意味着将记忆无意义的记号的负担强加于民众身上。

　　将文字进行组合并书写下来，就成了文章。文章形成的前提是可以阅读。撰写文章之时，需要限定每个词汇的具体含义，如果词汇可以用汉字书写的话，我还是希望能尽量使用汉字，这样字义会更为明确。以"はかる"为例，在音训表中列出了可以读成这个音的字，有"圖""計""測""量"。其实，除此之外，"謀""議"这两个字也可以训读为这个音，但是音训表中却没有列出。民主时代，通过会议来确定某事称作"議^{はかる}"，这个读法还保留了"議"的训读音。又如"あらわす"，音训表中列出的读为这个音的字是"表""著"，此外，可训读成这个音的还有"顯"，将这个训读音加在"顯"字上也不会产生不便吧。"きわめる"，音训表只列出了"窮"这个字，其实"究""極"都可以训读为这个音，1973年改定音训表之时，将其加了进去。①

　　规定副词、接续词全部用假名书写，规定动词

_____

① 日本政府在后来公布的《常用汉字表》中，增加了はかる、あらわす等训读词对应的汉字，丰富了汉字的使用。——译注

中只出现一个汉字，这其实是一种语言专制，是
国粹主义的思想在作怪。音训表中，"おもう"这
个训读音，只列出了"思う"一种汉字写法，而
"想""懷""憶""念"等字都可以训读为这个音。
按照这种做法教育出来的学生，完全读不懂音训表
之前的文章了。所以，音训表的惯用字范围，应当
进行更大幅度的扩充。

93　文字游戏

　　凡是高等动物，都有做游戏的本能。按照这一道理，会做文字游戏的文字也是高等的，而不会玩文字游戏的文字，可以说不具备成为文字的价值。

　　《万叶集》的作者，有很多在诗歌中使用戏训。例如：

<small>ことにいへば　みみにたやすし　すくなくも　こころのうち</small>
言云者　三三二田八酢四　小九毛　　心　中
<small>に　わがおもはなくに</small>
二　我　念　羽奈九二

　　言出虽盈耳，惊心却未能，心中思念意，半点有何曾。①

——《万叶集·十一·二五八一》

---

① 《万叶集》，杨烈译，湖南人民出版社 1984 年版，第 479 页。——译注

<ruby>垂乳根之<rt>たらちねの</rt></ruby>　<ruby>母我養蠶乃<rt>ははがかふこの</rt></ruby>　<ruby>眉隱<rt>まよこもり</rt></ruby>　<ruby>馬聲蜂<rt>いぶ</rt></ruby>
<ruby>音石花蜘蟵荒鹿<rt>せくもあるか</rt></ruby>　<ruby>異母二不相而<rt>いもにあはずして</rt></ruby>

　　阿母养蚕时，并将蚕茧隐，忧悒隐心中，与妹难亲

近。①

——《万叶集·十二·二九九一》

　　上面这两首歌，罗列了很多的数字，使用了不
少表示动物鸣叫声的拟声词，具有很强的游戏氛围。
作为对唱的诗歌，这种做法会起到吸引对方注意的
效果。"異（异）母"的写法仅见此一例，容易引
起读者的关注。另外，还有一些有隐含意义的记录，
如：

　　<ruby>旅尔之而<rt>たびにして</rt></ruby>　<ruby>物戀之伎爾<rt>ものこほしきに</rt></ruby>　<ruby>鶴之鳴毛<rt>たづがねも</rt></ruby>　<ruby>不<rt>き</rt></ruby>
<ruby>所聞有世者<rt>こえぜりせば</rt></ruby>　<ruby>孤悲而死萬思<rt>こひてしなまし</rt></ruby>

　　旅途思恋苦，鹬鸟也应啼，不得闻啼鸟，难堪恋

---

① 《万叶集》，杨烈译，湖南人民出版社 1984 年版，第 530 页。

死迷。①

——《万叶集·一·六七》

　　这首歌中，"孤悲而死万思"一句的用字似乎隐含着作者非常苦闷的心境。这种书写方式也体现了诗歌的内涵。

　　文字游戏流行于汉诗文繁盛的时代，在这个时代，人们对汉字有亲近感，喜欢舞文弄墨。《十训抄》记载的小野篁的故事中保留了一则讽刺字谜，谜面是"无恶善"的读法，谜底是读为"さがなくばよかりなまし"，是诅咒嵯峨天皇的字谜，意思是"嵯峨死了好"。由此可见小野篁的狂荡个性。这种字谜例子还有很多，《宇治拾遗》中记载了另一则字谜，谜面是"子子子子子子子子子子子子"，由十二个"子"字连成，小野篁将其读为"猫的孩子是小猫，狮子的孩子是小狮子"。《江谈抄》等书中记载了另一个故事，一则很难的七言二句谜面是"一伏三仰不来待，书暗降雨恋筒寝"，小野篁将其读为"月夜等待不来人，偏遭露雨归恨寝"。用《古今集》

---

① 同前《万叶集》，第19页。

中的诗歌来训解字谜。谜面中的"一伏三仰"读音为"夕月夜"。此外，当时还有一个很难的谜面"木头切掉月中破"，谜底是"不用"，将"木头切"读为"不"，将"月中破"读为"用"。像这一类根据文字的离合来猜的字谜叫作"离合"。

有一篇小说，故事的起源就是一则字谜，整篇小说都围绕这则字谜展开，这就是唐代的传奇小说《谢小娥传》。故事讲的是谢小娥的丈夫和父亲在江上被贼人杀害，丈夫托梦给她，告诉她："杀我者，禾中走，一日夫也。"为了破解这个字谜，小娥乞食于诸国，后来遇李公佐。李公佐告诉她，"禾中走"的意思是穿田而过，是"申"字，"一日夫"三个字合起来组成"春"字，所以贼人名为"申春"。获知谜底之后，小娥乔扮男装，四处打听贼人的消息，后来混入申春家里，终为父、夫复仇。李公佐就是这篇传奇小说的作者。

"藁砧今何在，山上复有山。何当大刀头，破镜飞上天。"（《玉台新咏·卷十一》）这则字谜谜底是这样的："藁砧"隐去了"鈇"（大斧），指丈夫；"山上复有山"即"出"字；"大刀头"，刀上常有"镮（环）"，暗指"还（還）"；"破镜"言"半月"。连起来读就是："问夫何处？出门在外。何时还归？半月即回。"南朝宋的诗人鲍照有谜语诗三首，其中一首的谜面为"二形一体，四支八头，四八一八，飞泉仰流"，谜底是"井"字。因为四乘以八为三十二，再加上十八得四十，而"井"字中正好包含了四个"十"字。日本的《本朝文萃》中也有字训诗一类的文句，如"火尽仍为炉，山高自作嵩"等。江户末期的本居内远曾写过一部破解日语谜语的书，名为《后奈良院何曾之解》，其中也记载了一些字谜，如"有鹰之心，方能获鸟"，谜底是"應（应）"字。江户时期的随笔类著作中，经常可以见到这一类的字谜。

94　音译借用字

音译之字都是借用字，但这些借用字并不是没有含意的。

"イギリス"过去曾写为"英吉利"，其实最初的写法是带有口字旁的"嘆咭唎"。乾隆五十八年（公元 1793 年），英国公使马戛尔尼（George Macartney）爵士在清朝参加朝贺之时，因典礼问题而发生纠纷，在施行三跪九叩之礼后，才获允觐见皇帝。当时的皇帝的上谕之中有"嘆咭唎"一词，在"马戛尔尼"四字上也加了口字旁。在中国的传统观念中，"四夷"与"中华"相对，是狄、蛮一类的兽类，因此用兽类来称呼他们。"嘆咭唎"三个字中所加的"口"，是"狗"的略符。在皇帝的观念中，即是使用音译字，也要遵从中华的传统和原则。

中国的字书《辞海》的附录部分，收录了大约

13000 条西文译名，其中固有名称都采用了音译。如译 Goethe 为"歌德"，译 Kant 为"康德"，都是音译之字。新出现的译词，将 vitamin 译为"维他命"，将 model 译为"模特儿"，都很形象。不过，将 Newton 译为"牛顿"，则显得不那么形象，而将 Curry Rice 译为"咖喱饭"，则让人忍不住觉得所吃的东西有毒。

日本词语的汉文音译，见于南宋罗大经的《鹤林玉露》一书。其中有"窟底"（口）、"沙嘻"（酒）等词，都音译得很形象。明嘉靖三十五年（公元 1556 年），出使日本并在大友宗麟的照顾下留居日本的郑舜功著有《日本一鉴》一书，卷五《寄语》收录了 4300 条日语的音译词，其中的一些译词的用字没有什么依据，只是标音而已，如"多失"（年）、"亦急"（息）、"耀迈"（山）等词。从 16 世纪末的《日本风土记》记载的"红面的倒"（祝贺之意）、"千首万世"等音译词来看，似乎当时的日本人正月里都要喝酒喝到醉倒。陈天骐的《东语入门》（日新书局 1895 年刊）中，将"东京"的发音用"託開"来标示，与当时的读音"トウケイ"很近；将"赌博"的发音写作"拔苦气"，可能有从苦气中拔出、脱离的意思，这个音译很特别。

日本的文字游戏，初期多为洒落本①，有一本名为《北郭鸡卵方》，书名的意思是"没有倾城的诚意，也没有方形的鸡蛋"。义训中使用戏训也是在洒落本中最先流行的，比如"敢问娘子尊名^{おいらんのなはなんといいやす}""辱赐捐书^{おんふみくだされかたじけなくそろ}"之类的戏训。还有"有理^{げにも}""似而非^{えせ}"等词汇，可以作为日语使用，也常见于通俗读物。泷泽马琴的《南总里见八犬传》中，使用了大量的汉语词汇，并用训读音标出，如"什么^{そも}""刚才^{わずか}""四零八落^{ばらばら}""白物^{しれもの}"，等等。作者之所以使用这么多汉语词，有人认为他打算以这本书作为阅读中国小说的入门书籍，其实不然，这只是他想炫耀自己的学问而已。

关于江户时期的文字游戏，当时的学者有两本专著，一本是寺门静轩的《江户繁昌记》，另一本是成书稍晚的成岛柳北的《柳桥新志》。《江户繁昌记》中，作者故意在很严肃的汉语旁边加上俗语训读，比如"候君候君在蚊帐外^{ヲマヘマチマチカヤノソト}"，这种做法与江户时期的狂诗文一样，都表达了一种反抗的精神，而著者寺

---

① 以花街柳巷为题材，描述寻芳客的行动对话的书刊。——译注

门静轩也因此被驱逐出了武门（武士门第）。《柳桥新志》也是谩骂新政府的书，其中有一篇讲述了一个开化的书生在妓院炫耀英文的故事。这个书生对妓女说："让我用英语来说你们的名字吧。"然后，他称"阿竹"为"蛮蒲（bamboo）"，称"阿梅"为"皮啉（plum）"，称"阿鸟"为"弗得（bird）"，翻译得非常顺畅，但碰到"美佐吉""阿茶罗"等名字之后，就翻译不出来而惭愧地离去了。作者成岛柳北是幕府的旧臣，他称自己是"天地间之无用人"，曾在妓院唾骂那些行为放浪的武士。妓女们称："真是被（披）发夷人，可攘之可攘之。"柳北所写的戏文中，隐藏着屈折的抗世精神。

95 关于翻译

翻译，也许被认为是一项照葫芦画瓢的工作。不过，只要稍微看一下日本的文学作品是怎样用汉语翻译的，大概就会重新思考这个问题。

《徒然草》的开篇文句是：

つれづれなるままに日ぐらし硯にむかひて心にうつりゆくよしなしごとをそこはかとなくかきつくればあやしうこそものぐるほしけれ。

郁达夫的译文如下：

信无聊的自然，弄笔砚以终永日，将印上心来自的无聊琐事，混混沌沌，写将下来，稀奇古怪，倒着实也有点儿疯狂的别趣。

这段翻译大致是准确的，但是有些地方让人感觉译得有些夸张了，比如将"硯にむかひて"译为"弄笔砚"，将"よしなしごと"译为"无聊琐事"，将"あやしうこそ"及其后的文字译为"稀奇古怪"，意思上翻译得有些过了。另外，就歌和俳句来说，译文中很难处理语感的表达方向偏差的问题。

　　明代李玄恭、郝杰同所著的《日本考》，收录了《古今集》中的这首和歌：

月 邪 阿 賴 奴
<small>つき や あ ら ぬ</small>

春 耶 木 革 失 那
<small>はる や む かし の</small>

發 而 乃 賴 奴
<small>は る な ら ぬ</small>

我 身 許 子 外
<small>わ が み ば か り は</small>

木 多 身 尼 失 而
<small>も との み に して</small>

并将其译为："月非昔月，春非昔春，我身不比故旧，故旧不是我身。"就无法将"や……ぬ"所体现的咏叹曲调翻译出来。另外，歌中所使用的"春、身、许"等字使用了和训，这点也值得注意。曾在早稻

田大学学习、后成为著名日本文学介绍者的谢六逸对这首歌是这样翻译的：

> 月呀 你不是昔日的月 但你与从前无异
> 春呀 你不是昔日的春 但你与从前无异
> 只有我一人虽是昔日的我 但已不是昔日的
> 景况了

其译文与散文颇为近似。

就日本文学作品的汉译来说，短诗的翻译更为困难。以松尾芭蕉的名句"古池や　蛙飛びこむ水の音"为例，有以下几种译文：

> 古池呀，——青蛙跳入水里的声音
>
> ——周作人
>
> 苍寂古池呀，小蛙儿蓦然跳入，池水的声音
>
> ——成仿吾
>
> 青蛙　跃进古池　水的音
>
> ——郑振铎
>
> 幽寂的古池呀　青蛙蓦然跃入　水的音
>
> ——谢六逸

虽然这几种都是名家的译文，但所用的"蓦然""跃进""跳入"等词，完全无法将这首诗的风姿表达出来。在译文中看不到青蛙这只小生命入水之时所泛起的涟漪。

　　谢六逸曾将《万叶集》中的15首短歌和4首长歌译为汉语，想必也是个喜爱《万叶集》的人。比如他对这两首歌的翻译：

　　　小竹の葉は　みやまもさやに

　　　さやげども

　　　我は妹思ふ　別れ来ぬれば

　　　别妻后来到山道

　　　岚吹竹叶沙沙作响

　　　虽是骚然

　　　怎能扰我思妻的心呢

　　　　　　　　——《万叶集·卷二·一三三·人麻吕》

　　　ぬば玉は　夜のふけゆけば

　　　久木生ふる　清き河原に

　　　千鳥しばなく

342

夜渐深了

长着楸的清寂的河原

千鸟频的叫唤

——《万叶集·卷六·九二五·赤人》

人麻吕的原歌，煞费苦心地使用了"サ行音"，但在译文中，将末句"別れ来ぬれば"移为第一句，丧失了原诗的韵味。《赤人歌》中，将"千鸟しばなく"译成"叫唤"失去了原诗的语感。虽然两个国家的人民都使用汉字，但根据以上的翻译情况来看，日文的汉译也是很困难的。

96 训读译

认为汉诗文的训读也是一种翻译的观点，大概会受到人们嘲笑的吧。对译者来说，翻译的对象应该是完全不同于日本语言的。比如，关于陀思妥耶夫斯基作品应该读哪位译者的译作，上田敏所译的诗作比原作更为优秀，究其原因，译文都带有译者的主观个性。但是"国破山河在"这一句，无论何人来训读，都读为"国破れて山河在り"，无须专门去麻烦硕学之人来解释。但是，最为优秀的翻译应该只有一个。虽然可能有几种翻译，但没有一种是完美无瑕的。然而，汉文的训读译，无论谁来读，读法都是一样的。所以我想，训读译应该是最为完美的翻译了。当然，在汉文的训读中每个人的感受都不同，这是因为每个人对作品的理解不同。

就日本文学来说，年龄阅历不同的人在阅读森鸥外和夏目漱石的作品时，其感受也不同。作品和读者都会随着时代的改变而发生变化，比如现在应该没有人去读坪内逍遥翻译的莎士比亚作品了，也难见到平田秃木所翻译的小说了。这都说明作品和读者随着时代的不同而不同。

但是，训读的对象是中国的古典文献，与希腊、拉丁的古典文献一样，是不会发生变动的，所以日本的训读文也是一种不会随意变动的文体。只要懂得训读之法，无论何人都可以来读《史记》以及李白、杜甫的诗歌。这是因为，训读法可以使中国的古典文献成为日语的一部分，阅读中国的文献与阅读日本的文献并没有什么特别的不同之处。中国的作品和日本的译文之间有着非常固定的关系，非常易于理解。可以说，能够将其他国家的作品以这种非常稳定的方式来进行阅读的，除了日本的训读法外，别无他例了。通过训读法，日本的先人将中国的古典完全转移到了日语之中。

即便我们无法认同训读可以促进文学的再生，我们也应该承认，因为有了训读法，汉字得以被移植入日语之中，并促进了日语的重生。在日本，基本上都用训读法来阅读汉诗文，对它们的翻译极少，也是这个观点的真实反映。关于汉诗的翻译，仅见有佐藤春夫一个人的作品。但是，他在《古调自爱集》《车尘集》《玉笛谱》等作品中体现出来的柔缓的抒情情调，与其说是对原诗的翻译，不如说是阅读原诗之后自身的感触。如他对白居易《洛中春感》一诗的翻译：

莫悲金谷园中月　　月を勿泣きそ不忍に
莫叹天津桥上春　　春な歎きそ言間に
若学多情寻往事　　あはれを知らば思ひ出
人间何处不伤神　　何処とわかつ涙かは

与原诗相比，译诗别有诗趣，但这不足以减弱人们依照训读法来朗诵这首诗的兴趣。大约从《怀风藻》的时代开始，人们就已经习惯用训读来阅读中国的诗作，并模仿创作汉诗了。正是训读法这一典雅的传统在影响着日本人对汉字的感觉。

97　汉字教育法

在汉字教育中，机械的讲授是行不通的，需要
不断地领会和感悟。因为所有的语言只有放到文章
和作品中才有生命力，只有通过对文章的阅读才能
有所领悟。因此，对汉字的领悟，指的是将汉字放
到具体的语境中来把握。我想很多人都曾经背诵过
自己所喜爱的作品吧，这些作品中的语言和文字，
都是很难会再发生变动的。如果将文字从作品中分
离出来学习，就如同记忆毫无规律的密码一样，是
彻头彻尾错误的。

如果真的需要来教授文字，那么应该了解文字的
构造体系。首先要弄清汉字部首的基本含义，如"Ⴃ"
指代向神明的祈祷，"自"指代军事，"阜"有神梯
之义等，同时还要具备有关字形构造的系统知识，
只有这样才能对文字有正确的认识。对于知识的学

习来说，记忆当然是非常重要的。不过，如果对文章的朗读没有达到可以背诵的程度，对字形系列也不能正确理解，那么这样的机械记忆是不可取的。

现今的汉字教育法正在误入歧途，所提出的解决问题的途径基本上也是有误的。所谓的汉字教育法，很多都是一些投机取巧的做法。比如某教育委员会为学业较差的儿童制定的汉字教学方法：

汉字	解　释	汉字	解　释
亲	在直立的树旁边注视着的双亲	放	把树枝扔向对面
原	悬崖之下的泉水在旷原中流淌	配	担心会打碎酒壶
字	孩子在家中写字	安	待在家中的女子很安全
切	用刀切成七份	和	能够吃得上禾（米）的和平年代
知	像离弦之箭一样快地讲述所知之事		

其中，"配"的本义是在人的面前配置酒食，"切"的本义是切割骨头，"原"是"源"的本字，所引述的解释中除了这几个字略为相近外，其他都是为了方便记忆字形而编造出来的。退一步讲，即便是为了方便记忆而编造解释，也不应偏离字形本义过远。上文所引的都是没有依据、望文生义的解释，以之

教育儿童，会让这些错误的文字观念成为先入为主的观念，这是非常不恰当的。还有笔画记忆法，如"業"字："竖竖撇撇，横撇撇，横横横竖，撇撇。"另外还有分解记忆法，比如"朝"字是"十月十日"。这些都是通过文字的分与合来记忆的。

其实，很早以前古人就在记忆汉字方面下功夫了。江户时期的《歌字尽》就是这方面的著作。比如其中记载的这首歌：

> 春天有椿夏有榎，秋天有楸冬有柊，
> 四者皆相同，同字还有桐。

按照现在的原则，鸟兽草木之名都不用汉字，因此椿、榎、楸、柊、桐等字都不再使用了。有很多字虽然仍作姓氏使用，但都已被废止，这么做大概是为了减少汉字的数量吧。不过这种数量主义的做法，实际上完全是对日本汉字政策的曲解。

用诗歌来记忆汉字的方法，近代以来也有一些尝试，国语科学会曾编写《文字记忆歌》（东苑书房1936年刊），对从古至今这方面的诗歌均有收集。其中有些诗歌很具幽默感，如："毛在尾巴上，尻中有个九，水多就为尿，死后变成屍（尸），比比皆是屁。"还有一些非常易于记忆汉字，如："正者主政，古者为故，若求救人，己先改正。"

对儿童来说，要想正确地理解汉字的字形的确是非常困难的。不过，即便这样，也不能为了记忆的方便而教给他们错误的知识。还有，阻碍学生接受正确的字形教育的，正是这个新字表。

98　新字表

　　对很多"新字"来说，如果不细心观察的话，很难看出其字形对旧字有怎样的改变。之所以要进行更改，据说是为了统一字形。从这个意义上说，更改之后的字形更应该被称为"装饰字体"，而非"正字"。

　　"舍""害"的旧字分别是"舍""害"，其区别是字形中部的竖线是否到达了下部的"口"字上。大概是为了与"吉"字字形统一，新字将竖线下部与"口"相连的部分切除掉了。如前文所述，"舍""害"的上部是把手的形态，下部指代的是用长针将"凵"刺破，使其舍去（失去）咒能，以达到危害"凵"的目的。而"吉"字指的是在"凵"之上放置钺头之器进行守卫，"吉"字的立意与"舍""害"两字相反。所以，这两个新字在字形上的改变是没有依据的。

新字"害"将旧字"害"中的长针折断了，与
之属于同一系列的"契""喫""潔"等字形也随之
发生了变化，新字形中，左上部的竖线都没有贯穿
下来。这种做法完全是多此一举，白费气力。究其
原因，大概是力图增加新字字数的"数量主义"在
作怪。

　　退而言之，如果"舍"字需要改为"舍"，那么
与"舍"字包含相同形体素的"余"字为什么不改呢?
与"舍"字属于同一系列的字还有"徐、除、斜、途、
叙"等，这些字的字形都没有改变。"害"改为"害"
之后，意义相关的"契"系之字的字形都发生了更
改，而"舍"字改为"舍"之后，意义相关的"余"
系之字却没有变化。这种做法导致同一系列的文字
被人为地分割为两个系列，文字体系支离破碎。

　　"突、器、類"都是从"犬"之字，但新字表将
字形中的点画去除了①。但同时，"犬、求、术"等
字中却仍然将其保留。这些字字形中的点，最初代
表耳朵下垂的形态，指代动物已死。"突、器、類"
三字指的是用犬作牺牲。新字表在对字形做细微变

---

① 后来日本政府又将字表中这几个字中犬字的点画恢复了。——
　　译注。

改的同时，为什么偏偏疏忽掉对字形本义的解释呢？新字表的颁布就是一项指鹿为马的愚民政策。

"包（包）"字指代的是怀孕之后胞内（腹中）有孩子的形态。"包"的字形本来包含的是"巳"字，但在音训表中，未改变祭祀的"祀"的字形，却单单将"包"字中的"巳"变为了"己"，成了"包"。音训表中没有的字就不允许出现，说明这是一项"独善主义"的政策。

最近，"女""幸"两个字的正书体也成了关注的焦点。其实这是不应该产生问题的。"女"字字形中，从上部向斜下方画出的两条线，指代两手垂下的形态，因此最后一笔的斜线应该超过第一笔的横线。"幸"字本义是枷锁，"执""报"等字指代身披枷锁的虏囚，"圉"字指代拘禁囚徒的监狱。新字表中所规定的"正字"，如果能考虑到楷书的笔意就更好了。当然，以上所谈的这些都是细枝末节的问题，对于"以形状来表现的语言"的汉字来说，最为必要的是确立尊重正确字形的原则。

99　文字的信号体系

"二战"之前，从索绪尔的语言学理论开始，语言学的领域不断扩大；"二战"之后的安定时期，是语言学的繁荣时代，语言学研究的盛况空前。语言学很快就与哲学、心理学、社会学相结合，演变成为庞大的符号学体系，产生了大批著作。时至今日，符号学的壮大发展几乎达到了即将自我崩坏的程度。但是，在符号学的发展过程中，研究记号这一载体的文字论，却没有获得应有的地位。之所以会出现这样的状况，是因为人们认为文字在语言的传达过程中，只作为唤起意思的符号使用，而没有认识到文字自身也具有一套完备的表现体系。的确，对于表音文字来说，文字只是话语发音的转写而已，文字在从听觉向听觉传递的过程中，起到的也只是媒介作用。不过，正如"山"字指代山峰这个概念一样，文字同时也可以脱离语言主体，成为具有特定含义的文字，考虑到这点的话，我们就知道文字只是话语媒介这种观念是有误的。

话语可以分为具有感性脉络的辅助语言（sublanguage）以及充当逻辑形式的中介语言（metalanguage）。较之日常口语，汉字系的话语具有更强的文字化语言的性质，因此应该称为优秀的中介语言。汉字与符号功能相比，表意和象征功能当然更强。汉字自身包含了具体的含义，也构建了自身的文字体系。如果汉字没有表意的机能，那么不可能具有通时性，不会沿用三千年而不衰，也不会形成"汉字文化圈"这一广大的文化空间。

根据心理学的调查结果，虽然同为失语症，但假名的失读和汉字的失读之间存在着巨大的差异。调查报告指出，当假名不能唤起失语症患者的识读意识之时，汉字往往可以唤起他们的识读意识。这是因为，假名是一种听觉符号，而汉字是一种视觉符号，不过，即便认为假名也是文字，在识读意识的唤醒方面，它们也与汉字不同。造成两者不同的原因，在于大脑功能对所处理信息的回路有差异，也就是说，问题在于视觉信息是否可以直接与话语相关联，以及是否需要将视觉信息转换为发音器官的运动。当出现回路障碍之时，汉字摹写能力的恢复就较为迟缓。

如果对于话语，汉字有着特有的回路，那么就必须承认，作为保存至今的唯一的表意表语文字，汉字与其他的表音文字有着不同的信号体系。从这个意义上讲，作为文字，汉字有可能产生新的机能，这点是很值得期待的。如果将汉字看作已无使用价值的累赘，对汉字加以制约，那么只能说这是欠缺文化发展眼光的短视者的做法。

100　汉字的未来

从日本内阁告示颁布《当用汉字表》以来，迄今已有三十年（至本书初版刊行时）。作为日本国字政策的基本问题，汉字的改革正在进入反省期。当今社会，严格遵守汉字表的，大概只有教科书和新闻媒体机构了。综合性杂志和学术、教育类用书基本上都无视汉字表的规定。在我的授课过程中，也按照古典文学的原有文字记录来教授学生。因此，对在学术界完全不通用的《当用汉字表》的存在意义，需要进行反思。汉字表的使用，导致学生在学习吸收能力最强盛的时期，好像被戴上了眼罩一样，浑浑噩噩地度过，没有学到应学的知识。这样下去，日本国民中间将会产生新的知识分裂与断层。

人们都说汉字很难记。其实并不是这样，有一定字形的汉字是易于记忆的，前几天的电视节目中，播出了一条新闻，新闻中一位四岁的儿童可以读出全部力士的丑名①。这个孩子可以像栋方志功②一样将"贵乃花"③三个字按照不同的笔画顺序流畅地写出来，体现了字形和影像的完美结合。一旦学习了字形学方法，就可以更为合理地书写汉字，所记忆的字形也很难遗忘。关于这一点，从汉字对失语症患者识别能力的唤醒方面可以得到实证。仅需千分之一秒就可以认出汉字，仅需一秒就可以理解七个字的含义，理解了字形的特征之后，对汉字就会有这种直觉性的把握。

文字读出之后，就成为话语。友人、friend、ともだち都是话语。在送别会的通知里，即便是友人的"友"字形中的横缺了一半，或者是 friend 中的"r"缺失而成为了"fiend"（魔鬼），大概也没人会介意，仍然会将这个词理解为友人，这是因为话语有自适应的能力。但是，如果"ともだち"写作"ともち"或"とだち"，就很难自如地读为"ともだち"了，其原因在于假名书写不具有作为词汇

---

② 栋方志功（1903—1975），日本著名版画家。1970 年获日本文化勋章。——译注
③ 贵乃花光司，日本著名相扑选手。——译注

的特征。汉字通过形体来表示词汇，印欧语言通过形态来表示词汇，而假名词汇没有形态，不具有固定性。如果不加入汉字的话，日语就只能采用《源氏物语》古写本一样的记录方式了。从起源上看，假名本来就只是汉字训读的辅助性材料而已。

认为汉字是外借而来的观点，是绝对错误的。古代东方的语言，现今很多都采用西文字母拼写，人们并不认为西文字母是外借来的。与之类似，用音读、训读的方法来拼读汉字，也不是外借而来的。这种方法在汉字传入日本之初就产生了，而使用音训方法拼读的汉字，实际已成日本国字。而且，音训用法的自由化，也是日本国字政策的一个要求。汉字的常用字数会根据需要有增减，而具有成熟内涵体系的汉字，自然地就会成为常用汉字。

恢复那些被歪曲的字形，大概是不可能的了。这些字形，也许会成为昭和时代富有纪念意义的遗产。不过，在信息社会中，汉字以其丰富的可塑性，可能会担负着更为重要的职能。这是因为，作为记号文字的汉字所拥有的高度功能，是其他任何文字都无法取代的。

后　记

　　有关日本国字政策的内阁的告示颁布，到本书刊行之时已逾三十年。现在大多数的出版物都遵从告示的规定，日本国字问题的争议逐渐平息。所有的固有名词一类的汉字，经过日本国字政策的实施，全部规范化了。正如为了配送邮件的方便，随意地更改自古以来的地名，如今为了将信息情报规范化，文字、词汇也正在被改写。因为对汉字的使用有选择的自由，所以并不是所有领域都遵从内阁告示的规定。而在某些领域，由于对汉字的选择余地很小，只能接受强制的规定。从总体上看，自从有关文字使用方面的政策施行以来，话语的使用方面也开始进入不规范的状态。现今的问题是，人们并未意识到这种不规范状态的消极影响。

　　中国在大胆地推进文字的简体化。常用文字几乎都丧失了原来的形义，正在朝着单纯的记号的方向演进。而那些重视中日同文之谊的人们，可能也会认为日本的文字改革不够彻底，并主张追随中国的文字改革。

但是，虽然同为汉字国，日本和中国的情况却大为不同。中国不存在片假名和平假名一类的辅助符号，所以也没有与年龄和智力相对应的分阶段的学习方法。我们可以用假名书写"おかあさん""シーソー"，他们只能写作"媽媽""蹺蹺板"或"翹翹板"。因此对中国而言，简化字形的要求极为迫切，字形的简化有利于普及教育。不过，即使所有的常用汉字全部简体化，也不会成为假名一类的表音文字。失去了字形及形体所包含的意思之后，简体字就会成为毫无用处的符号及符号堆积。

日本和中国文字改革最基本的共通之处在于二者都不承认汉字的字形意义。日本创作了很多的新字，但是，如做整形美容手术一样，这些新字的变改不大，很难看出字形中的哪个部分发生了怎样的变化。中国的做法与此不同，他们坚决地贯彻表音化的原则，显现出很强的表音化趋势，简体字因此有着较强的表音性质。就汉语的单音节性质而言，最为适合这个特性的文字就是汉字，中国面临的问题是，采用何种方式保存并活用汉字，抑或是像越南那样施行全面放弃汉字的政策。不过，与越南的不同之处在于，中国拥有世所罕见的数量众多的文化遗产，如果放弃汉字的话，就意味着对这些文化遗产的废弃。如果中国真的有放弃汉字的打算，就需要重新再认真讨论了。

汉字研究是我探求古代文化的方法之一，我将汉字看作无文字时代的文化集合体，从这个视角来思考汉字的内涵体系。《汉字》和《汉字的世界》两本书都是从这个视角撰写的普及性读物。我不愿意介入政策问题，但是，在当下这个汉字面临着悲惨命运的时刻，针对这个问题，我想谈两三点最基本的看法。

就汉字的传统而言，在中国一直都有纠正字形的正字之学，在日本则存在通过训义使汉字国语化的传统。目前，中国舍弃了正字，日本也废止了对很多汉字训义的使用，这都是对各自国家文化传统的否定。就两国文字改革的方向而言，其出发点都在于力图否定汉字所具备的意义体系，这是一个很严重的问题。实际上，与其说两国力图否定汉字的意义体系，不如说他们的汉字字形学知识过于缺乏。正是因为字形学知识的缺乏，才导致这个问题的产生。如果理解汉字的构造及字形意义的话，即便是创造简体字或新字，也会自然而然地依照汉字的构成来进行，所造的新字也易于学习。不管怎样，创造之前必须具备有关字形解释的正确知识。如孔子所言，"必先正名"也。

本书的大部分内容用于解说汉字的构造原理。汉字由作意符的形体素和做声符的音素组成，具有完整的体系。使用文字时，虽然不需要必须具备语源和字源的知识，但必须要知道文字、词汇所属的意义体系，如果对这方面不了解，文字就成了单纯的符号。即使需要对文字进行改革，也应该在文字所属的体系内进行，不能随意地更改。

通过训读，可以把握汉字的含义，理解汉字所组成的语汇，完成汉字的日语化。在音训表中，将"おもう""うたう""かなしい"等动词、形容词分别限定为对"思""歌""悲"的训读，不再有其他的汉字。但是，语感之间的差别是多种多样的，除了"思"之外，"懐、念、想、憶"等字都不能使用"おもう"这个训读，人们也就无法体会不同汉字之间的语感差别了。同样，"うたう"只是对"歌"的训读，虽然还有"唱、謡"等字，音训表中却没有"唱う""謡う"这两种训读。

汉字是拥有特定含义的文字，没有训读的文字就会逐渐地符号化，失去新的造词能力。音训表中，有"あやまる"（誤）却没有"あやまち"（過）。可是没有谁是没有过错的，所以，音训表的这个做法也应该是一种过失吧。幸运的是，这个"過（过）"字，近年来终于被收入改订后的音训表中了。

现在的年长之人，都会想起带有假名注音的小红书[①]，也会怀念少年时代可以从这些书中自然而然地学习很多文字。

---

① 日本明治时代开始，用红色纸张印刷的面向少年的读本。——译注

而现在的年轻人，虽然有着旺盛的吸收能力，却被关闭在规定好了的语言环境中，而这个语言环境还拒绝知识的进入。他们对大量的语汇、丰富的语言表现，以及语汇中所包含的提升情感的内容都一无所知。如果现在的少年出现了不爱读书、远离读物的倾向的话，其原因之一当归咎于这种压抑的文字环境。明治、大正时期的诗人，不仅注意词语的含义和音感，同时还关心所用文字的视觉印象，连印刷用的活字大小、文字在纸张上的排列等方面都十分注意。因为文学、思想著作，不应该有与生活用语相同的语言过程。而文字的形体，不仅关系到文学、思想的表达，还影响到它们的美学价值。

长久以来，无论是敬而远之还是视而不见，文字论学者一直都将汉字排除在他们的研究范围之外。作为一种通时性的文字，汉字经历了古代到现代的漫长年代，留下了大量的文献，这是世所罕有的。日本通过音读和训读来使用汉字，弥补了日语的缺点，从这点来说，汉字是最值得称道的。

这本小书从文字论的视角论述了尽可能多的问题，但限于篇幅，都没有十分详尽地展开。不过对于关心汉字问题的诸位来说，我想大概可以提供一些看待问题的视角。

白川静

1978 年 4 月

文库版后记

从"二战"战败以来，日本对汉字的使用严加限制，对汉字的字形也多有省略和改变。韩国废止了对汉字的使用，但韩语中的很多词汇原本就是汉语。中国也有类似的情况，自 20 世纪初，大量的简体字通行。在这种背景下，无论是哪个国家，都处于与古典世界隔绝，并向无文字社会倒退的状态。对这种状态的反省，现在终于开始成为一种自觉的行为。汉字本来是一种以形象为主的文字，没有字形这个媒介的话，汉字的语言功能就不完整，目前人们开始认识到这个问题了。不久之后，人们也许会理解，如果汉字回复到原本的形态的话，可以巩固连接东亚文化的文字纽带。

半个多世纪以来，东亚各国虽地处汉字文化圈内，但各国的汉字文化却逐渐离汉字文化的本来面貌越来越远。东亚国家之间的文化交流，随着电脑时代的到来会更加频繁和紧密。因此，改变半个世纪以来对汉字的态度不仅是必要的，而且已是刻不容缓的了。本书篇幅虽然不大，但涵盖了多项内容，而且尽可能地兼顾到汉字发展中最为重要的问题。在这本书再次收入中公文库之际，谨对我的观点再作申述。

白川静

2002 年 8 月

参 考 文 献

语言学

《语言的哲学》，山元一郎著，岩波书店，1965 年

《语言》，乔治·古斯多夫（Georges Gusdorf）著，笹谷·入江译，みすず书房，1969 年

《语言与世界》，田岛节夫著，劲草书房，1973 年

《言语学与哲学》，艾蒂安·吉尔森（Etienne Gilson）著，河野六郎译，岩波书店，1974 年

《野性的思维》，列维－施特劳斯(Claude Lévi－Strauss)著，大桥保夫译，みすず书房，1976 年

《语言学与记号学》，三浦つとむ著，劲草书房，1977 年

日本语

《国语学原论》，时枝诚记著，岩波书店，1941 年

《日本语的历史》（全 7 卷、别卷 1），平凡社，1964 年

《国语史讲座》（全6卷），大修馆，1971年

《日本语》，岩波讲座（全12卷、别卷1），岩波书店，1976年

《根据汉文的训读流传下来的语法》，山田孝雄著，宝文馆，1935年

《语言与文章的心理学》，波多野完治著，新潮文库，1958年

《日本的外来语》，矢崎源九郎著，岩波书店，1964年

《国语的思想体系》，渡部昇一著，中公丛书，中央公论社，1977年

文字

《文字的文化史》，藤枝晃著，岩波书店，1971年

《文字》，上田正昭编，社会思想社，1975年

《无文字社会的历史》，川田顺造著，岩波书店，1976年

《形象与文明》，篠田浩一郎著，白水社，1977年

汉字

《说文解字诂林》，丁福保编

《中国语言学概论》，高本汉（Klas Karlgren）著，岩村·鱼返译编，文求堂，1937年

《中国语言组织论》，吴主惠著，生活社，1941年

《汉字的命运》，仓石武四郎著，岩波书店，1952年

《汉语史论文集》，王力著，科学出版社，1958年

《甲骨文金文学论丛》（全10集），白川静著，油印本，1960年，影印本，1974年

《汉字语源字典》，藤堂明保著，学灯社，1965年

《汉字的起源》，加藤常贤著，角川书社，1970年

《甲骨文集·金文集》（全5册），白川静著，二玄社，1963年

《说文新义》（全15卷、别卷1），白川静著，五典书院，1969年

《汉字》，白川静著，岩波书店，1970年

《汉字的世界》，白川静著，东洋文库，平凡社，1976年

《汉字与图形》，渡边茂著，NHK图书，日本放送出版协会，1976年

《日本汉字学史》，冈井慎吾著，明治书院，1935年

《日本汉文学史》，冈田正之著、山岸德平补，吉川弘文馆，1954年

《日本文学史论考》，山岸德平编，岩波书店，1974年

比较文学

《江户文学与中国文学》，麻生矶次著，三省堂，1946年

《西域之虎》，川口久雄著，吉川弘文馆，1974 年

日语政策

《我的国语教室》，福田恒存著，新潮文库，1961 年

杂志

《语言生活》，筑摩书房

《语言》，大修馆

图版解说

图-1　彩陶陶器　人面鱼身像

西安半坡出土。1954 年秋，在半坡遗址发现了这件彩陶陶器，是半坡文化最为古老的遗物。现在半坡遗址已经得到了复原保存。陶器上所画的大概是文献中记载的"鱼妇"或"偏枯"，可能是夏王朝的始祖、洪水神大禹的初始形象。也有观点认为"鱼"是大禹的父亲"鲧"。

图-2　白陶陶器　斜格纹

殷代的白陶陶器纹饰。出自梅园末治的《殷墟白色陶器研究》第十四图。白陶陶器中常见斜格纹，此处的斜格纹位于器颈的饕餮纹之下并穿越器腹，使整个器身均斜格纹化，器首、器足也有斜格纹。在单纯的几何纹样化过程中，这种有意识的表现方式，体现了古代几何纹样的一个特点。从西安半坡彩陶陶器的几何纹样中，也可见展开的鱼纹。

图-3　青铜器纹样　大凤纹

见于西周中期的孟簋。1961 年长安县张家坡出土器群中的一件。在殷商时期器物中,已经可见被称为"夔凤纹"的鸟纹,鸟大概用以指代祖灵。西周中期的昭穆时代,祭祀祖神的圣地辟雍仪礼盛行,这一时期的铜器表面多见这一类大凤纹。这大约与辟雍仪礼相关。头部垂下的巨大的羽毛,是圣鸟的标志。

图-4　宁乡大铙　祭祀用器

殷代后期的大铙,一种乐器。1959 年,湖南省宁乡县老粮仓杏村湾师古塞山顶出土。《中国古青铜器选》(1976 年刊)著录。在出土的五件铙中,这件最大,铙高 70 厘米,铙口宽46 厘米,重达 67.7 公斤。出土时铙口仍朝上。出土地位于湖南,是殷代的边境地区,铙被埋置于山顶,大概是一种符咒用器,在针对异族而举行的祭祀活动中使用。口缘为象纹,器体布满了雄浑的饕餮纹。

图-5　四羊方尊　祭祀用器

殷代后期由四羊组成的方形牺尊。酒器。在大铙出土地稍偏西的山腹中出土,《中国古青铜器选》(1976 年刊)著录。大概也是在针对异族的巫术祭祀活动中使用。高 58.3 厘米,重 35.5 公斤，造型极为奇伟。颈部为蕉叶状夔纹及兽面纹，肩部有四条蟠蛇。四边四只羊的腹背部有鳞纹，前足装饰有华丽的夔凤纹。这件集殷代青铜器精华于一身的遗物，却出土于殷代边境的山腹之中，十分值得注意。

图-6 ⚇形图像　王族的身份

"子"即王子。王子及将王子举到头上的人形构成的这个图像，大概用于标示殷王族出身的身份，与所谓的亲王家族地位相当。图像上部的两个床形图案也许是声符，与"将""壮"等字的音素相同。父辛是父亲的庙号。铸有这个图像的器物数量众多，且都是精品。

图-7 亚字形图像　圣职者

"亚"指的是陵墓中安置棺椁的玄室之形。这个标识指代与祭葬仪礼相关的职务。很多情况下，在亚字形里面还添加了氏族的标识，可能是各氏族中圣职者的标识。铸有这个标识的青铜器，很多都是精品。大部分为殷器，西周时期的这类器物，也应为殷遗民所作。

图-8 金文图像　橐

殷金文。父乙尊铭。器物现藏于台北故宫博物院。器体分三层，全器均以饕餮纹装饰，四面附有飞棱，甚为雄伟。该图像是"東（东）"字的初形。"橐"的初文为"東"，字形中的"石"是后来添加进去的声符。此件器物用于祭祀父乙，其铭文中的"乙父"记载较为罕见。

图-9 甲骨文　苦方关系卜辞

第一期甲骨文。见于罗振玉的《殷墟书契前编》（卷七·第十七叶·第一片）。为一块大的龟甲版所残断的一部分。第一行是王的占爻，询问外敌是否会从西方来寇；第二行记载，正如殷王所占，苦方侵占了我们的领邑；第三行记载，"苂"又出现在王畿内，说明附近有戋（灾异）。

图-10　甲骨文　繇辞和验辞

第一期甲骨文。《殷墟书契前编》（卷七·第四十叶·第二片）。甲午之日卜，右数第三行记载："王固曰"，殷王指出将有灾祸，这一灾祸即外敌"来敳"（侵寇）。第四行第二字开始，记载三日丙申，果真有外敌来寇。

图-11　甲骨文　媚兽

第一期甲骨文。胡厚宣编《战后京津新获甲骨集》（第一九一九片）。卜辞曰："允……有毟（祟）。媚（有蛊）"。"媚"

字的下部有一个女形，在这片卜辞中指代长毛的兽形。这个媚兽大概是为媚女所役使的咒灵。

图-12 汉画像砖 使龙

汉代画像砖。收录于民国罗振玉所编的《古明器图录·卷二》。使龙之人头部佩戴的冠冕，与马王堆一号墓的黑底彩绘棺盖板上所绘的灵魂升天之后所见天上仙人佩戴的冠冕相同。这幅画像砖大概描绘的是《左传》中记载的豢龙氏的形象。

图-13 鹿头刻辞 祭祀用牺牲

殷代第五期刻辞。安阳发掘报告《小屯》甲编第三九四〇片著录。记载了殷王朝最后的国王帝辛（纣王）在远征东部的夷方途中，猎获了一只大鹿，并以之祭祀他的祖父武丁。像这一类在兽首上有刻辞的情况，还有不多的几例。

图-14 邾公钅化钟铭 陆终之子孙

春秋之后的青铜器铭文，有几例的器主夸示本族的神话血统。本器器主称自己是陆终的后代，齐国的叔夷钟铭文记载器主是商汤的后代，田齐的陈侯敦的器主称自己的高祖是黄帝。陆终是带有神话性质的古帝王之名，其后分为六姓，邾国是六姓之一的曹姓之国。邾公钅化大概是邾宣公，该器的年代为春秋中期。

图-15 宗周钟铭　皇上帝百神

　　西周中期的钟铭。是时代最早的周钟，今藏于台北故宫博物院。在正面的钲上，有铭文四行，鼓部的左边有铭文八行，背面到鼓的右部有铭文五行。图上显示的是鼓左部的铭文。从第三行开始的铭文是："皇上帝百神，保余小子，朕猷又成亡竞。我隹司配皇天王，对乍宗周宝钟。"记载的是受周昭王之命保国的甫侯，将昭王与皇天王配祀之事。铭文中的"神"字已经加上了"示"旁。

图-16　石鼓文　鱼部之字

　　春秋初期，纪念秦襄公田猎而作的诗。刻于鼓形的石头上，因而得名。此诗与《诗经》相同，为四言诗。其中可见很多鱼的名字，这些鱼用于祭祀。鱼名都是形声字。文字采用秦篆书写，秦篆即大篆，后来发展成为小篆。关于第一行第二个"盗"字，在本书第47话中进行了解说。

图-17　殷　盛食用器

　　"殷"，文献中写作"簋"。祖祭之时，盛放黍稷类食物的食器。在整个青铜器时代，簋是应用最为广泛的器物。"殷"

上面加上盖子之后，构成"食"字，而"即、既、卿"等字，都是由这个器物与人形合起来构成的。此图为"周公設"，另外还有"燹設""邢侯設"等，都是周初的周公之子领受天子的恩赏，为祭祀周公而作的铜器。器腹饰有华丽的象纹。现藏于大英博物馆。

图-18 德鼎铭 "赐"的字形

西周初期的铜器。德器的出土情况不得而知，只知道抗战结束后收藏于上海博物馆。由叔德簋和德鼎铭文的第二个字，可知"赐"字的原形，标示的是赐予酒杯的形态。金文中，用作"赐"的"易"字，就是"赐"字原形的一部分。由此可知，从上古时代开始，汉字的造型就有简略化的倾向。

图-19 乌 古文於

《说文解字·卷四上》。宋初徐铉校订本。据静嘉堂文库所藏宋版。"乌"的古文"於"与正篆之字差异很大，不过根据金文资料可知其字形的构造依据。

图-20 秦公設铭 秦之篆文

秦公設铭的前半部分。器物的年代大约是秦哀公三十二年（公元前505年）。上距前文提到的石鼓文约二百七八十年，下距秦始皇帝刻石也有约二百七八十年。从这几篇铭文可以看出,春秋战国时期最具正统性的字形的发展过程。段铭之字,是由事先铸造的模型按压而成,因此铭文中相同的文字完全同形。

图-21 鸟篆

即所谓的"鸟书"。多见于越器。笔画中,多加有圈笔,饰笔繁缛,用于戈、矛、剑铭之中。此铭文为"子赒之用戈","子赒"为人名,身份不详。大概是越国最末期的器物。

图-22 箕 古文三字

《说文解字·卷四下》。此图为徐锴的校订本《说文系传通译》的该部分。徐锴为徐铉之弟,是有名的篆字专家。

图-23 史颂段铭文 西周篆体

西周后期的金文。夷王时期前后,作为经营东方的根据地,成周的重要性显著提升。当时,史颂受命巡察成周地区,铭文记载了这件事情。铭文中的文字纵横分明,已经线条化,十分近似于篆体。第五行的第三个字"彝",本义是拎起鸡的翅膀取其鲜血的形态,但在这个字形中该字已经失去了它的原义。

图-24 三体石经 字体之典型

　　作于魏正始年间，又称"魏石经""正始石经"。作于东汉熹平年间的熹平石经只有汉隶一种字体，而在魏石经中还有篆文和古文。其中古文的字形有很多可疑之处，不过小篆据说传承了当时的名家邯郸淳的笔法，与后来的唐写本《说文》的字样较为近似。这一时期行书、草书字体均已通行，但石经的三种字体仍然被认为是字体的典范。

图-25 《说文解字》 唐写本"木部"

　　作为《说文解字》旧写本的唐写本，目前仅留存有两片口部的残篇以及六片木部的残篇，都收藏于日本。木部残篇记有 188 字，清代同治年间的莫友芝将其公布于世，后归于日本的内藤湖南博士，现为某制药公司秘藏。唐写本的说解形式与今本不同，大概保留了《说文》的旧式格式。其中书写的小篆为悬真体，非常精美。

图-26 《玉篇》 唐写本残卷品部

　　《玉篇》是六朝末年顾野王所编的字书，其部首的划分大致依据《说文解字》，但加入了很多的用义例证，是一部真正的字书。字体只有楷书一种。原本早已散佚，只有唐写本残卷传入了日本。以空海的《篆隶万象名义》开始，日本的古字书多引用此书。同属《玉篇》系统的《唐韵》《广韵》等书，与其说是《玉篇》的增益本，不如说是它的节略本，由《玉篇》的残卷就可以看出这一点。

图-27 《五经文字》 正书之字

唐代张参所撰的《五经文字》，是为了适应科举制而作的，作为选拔官员的考试制度，科举制的实施需要将文字的字体标准化。唐初颜师古的《字样》没有流传下来，其后的大历年间，颜元孙作《干禄字书》，拟定了俗、通、正三体文字。《五经文字》校订了作为标准字的正体文字，据说与唐石经一起，刻石立于长安的太学之中。这与将装饰用字的活体字作为标准字的做法有着巨大的差异。

图-28 第一期甲骨文 逐豕

《小屯》甲编第 3339 片。右部为："辛酉（之日）卜，韦（卜人）贞。今夕，不……？"左部为："辛未（之日）卜，亘（卜人）贞。往逐豕，获？"豕指野猪。第一期甲骨文中多见雄伟之字，从右部卜辞的刀法可以看到雄浑的字迹。

图-29 第四期甲骨文 燎与宜

郭沫若《殷墟萃编》第 68 片。讲述的是丁巳之日占卜，卜问庚申之日的祭祀中燎杀二羊、宜（杀）一牛的吉凶。甲骨文的第三、四期的字形已经完全崩散了，且十分潦草，与第一期的文字字形差异很大。占卜时所用的神圣字，也有兴废之分。

图-30　殷金文　子媚

此处是子媚爵的铭文，铭文的文字非常图像化。铭文位于爵的把手下方的器体之上，左右都是饕餮纹，铭文夹在其中。"子"是殷代王子的称号，王子大概领有"媚"地。子媚之名还见于第一期，即武丁时期的甲骨文。"媚"字表现的是佩戴了媚饰的妇女形态。图—11 的媚，一般认为指巫女所用的巫咒之兽。

图-31　药师佛造像记铭文　日本最古老的金文

法隆寺金铜药师佛造像记。共有五行金文。第一行是：

池邊大宮治天下天皇大御身勞賜時。

铸造于推古十五年丁卯（公元 607 年）。虽然文句由汉字连缀而成，但从"治"字的位置以及"劳""赐"等字的字训来看，文句构造和用字法都是以日语为依据的。

新版译后记

拙译《汉字百话》中文简体版自 2014 年出版后，不知不觉，迄今已逾七载。目前市面上难以觅得新书，而二手书价格长期居高不下。今年六月中，忽接人民文学出版社编辑来电，垂询该书译稿再版事宜，自然十分高兴。十月底，编辑再次赐电，告知已联系日方和中信出版方，获得了该书的中文简体出版权，建议我对译稿再作修订整理。

遵照出版方的建议，近一个多月，我对多处原译文进行了校订修改，并请李威霖、刘盼两位同学帮忙提出了修改建议。疏漏之处，敬请读者不吝赐正。

郑 威

辛丑冬月谨记